中国乡村社会大调查 China Rural Social Survey CRSS CRSS 项目系列成果

民族地区中国式现代化调查研究丛书　何　明　主编

城乡融合发展推进乡村振兴

来自云南曲靖市麒麟区的实践与探索

晏月平　李昀东　谭智雄　等 著

Integrated Urban-Rural Development Promotes Rural Vitalization

Exploration and Practice from Qilin District, Qujing City, Yunnan Province

社会科学文献出版社
SOCIAL SCIENCES ACADEMIC PRESS (CHINA)

中国乡村社会大调查(CRSS)云南样本县分布图

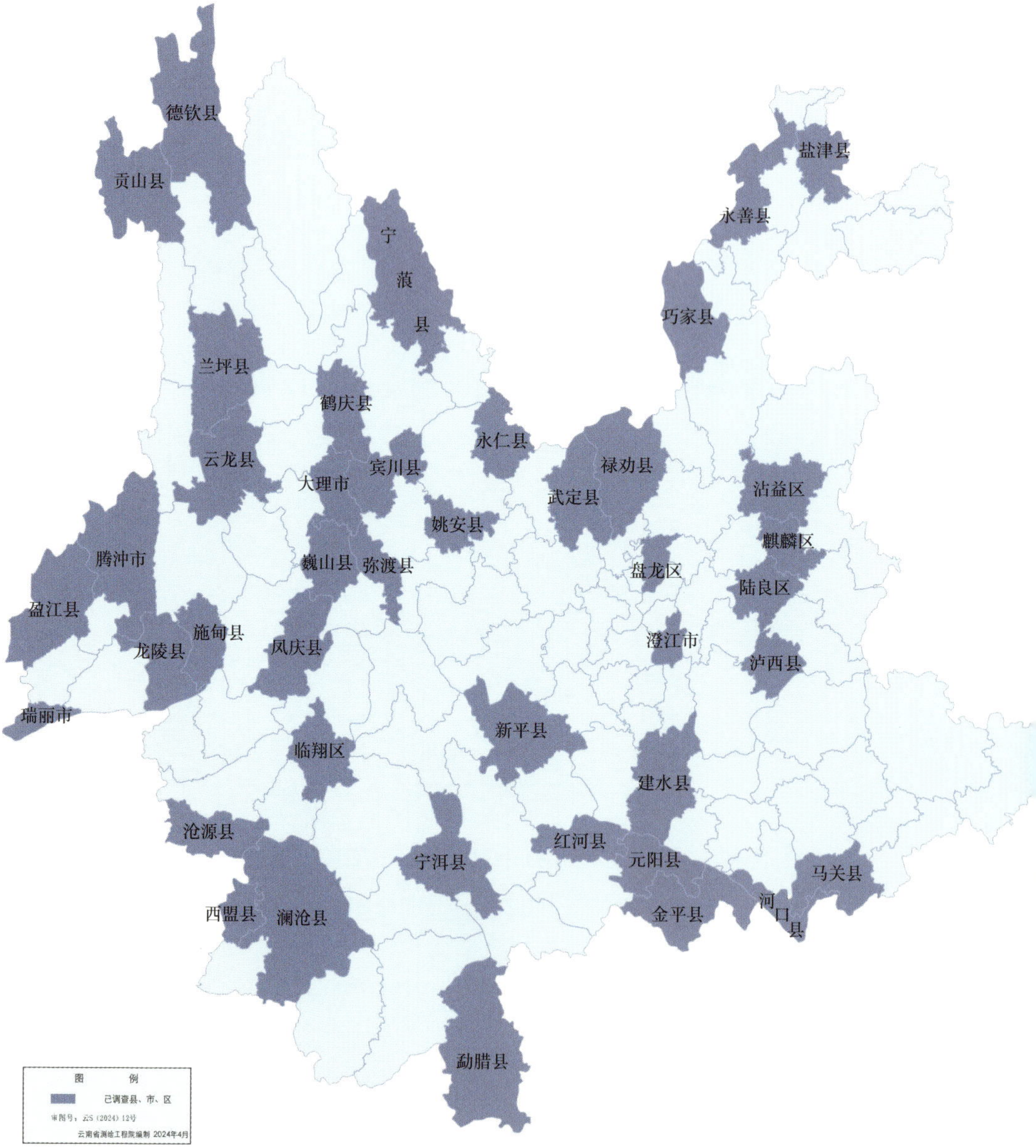

总 序

中国近代的现代化进程，如果把发轫追溯到1840年鸦片战争催生的国民警醒，已有一百多年的历史。从近百年中国乡村研究的学术史看，我国学界很早就清醒地认识到，中国走向现代化的最大难题是乡村发展。在这一进程中，通过社会调查来深入了解现代化背景下中国乡村发展的道路和难题，一直是中国社会学、民族学、人类学的学科使命。事实上，自20世纪我国著名社会学家陶孟和首倡实地社会调查以来，几代学人通过开展乡村社会调查，对中国乡村社会的发展进程进行了长时间、跨地域的动态记录与分析。这已经成为中国社会学、民族学、人类学“从实求知”、认识国情和改造社会的重要组成部分。

云南大学作为中国社会学、民族学和人类学的起源地之一，为丰富中国社会的乡村调查传统做出了持续性的贡献。80多年前，国难当头之际，以吴文藻、费孝通为代表的一批富有学术报国情怀的青年学者，对云南乡村社会展开了实地调研，取得了丰硕的学术成果，留下了“报国情怀、社会担当、扎根田野、自由讨论、团队精神、传承创新”的“魁阁精神”。中华人民共和国成立之后，云南大学全面参与了民族识别和民族大调查的工作，推动云南各民族融入中华民族大家庭的进程，积累了大量民族志资料。21世纪初，云南大学又组织开展了覆盖全国55个少数民族的“中国民族村寨调查”，真实书写了中国少数民族半个世纪的发展历程及文化变迁。

党的二十大报告强调，“全面建设社会主义现代化国家，最艰巨最繁重的任务仍然在乡村”。“仍然在乡村”的认识，一方面是指，在我国人多地少的基本国情下，振兴乡村成为一个难题由来已久；另一方面也是指，乡村振兴的问题至今还没有得到根本解决，城乡发展的差距仍然较大，农业、农村和农民发展的“三农”问题仍然是中国实现现代化的艰巨任务。所以说，在我国经济社会发展的新阶段，调查乡村、认识乡村、发展乡村、振兴乡村，仍是推进中国式现代化的重中之重。

2022 年，为了服务国家“全面推进乡村振兴”和“铸牢中华民族共同体意识”的大局，落实中央《关于在全党大兴调查研究的工作方案》的文件精神，赓续魁阁先辈学术报国之志，云南大学又启动和实施了“中国乡村社会大调查”（CRSS）这一“双一流”建设重大项目。

本次云南大学推动的“中国乡村社会大调查”项目是针对云南省乡村居民的大规模综合社会调查。该调查以县域研究为视角，通过概率抽样的方式，围绕“产业振兴、人才振兴、文化振兴、生态振兴、组织振兴”以及铸牢中华民族共同体意识等主题对云南省 42 个样本区县进行了定量和定性相结合的调查。该调查以云南大学为主体，联合中国社会科学院、北京大学、复旦大学、华东师范大学、上海大学、西南大学、贵州省社会科学院、贵州财经大学、云南师范大学、玉溪师范学院、昭通学院等 15 家高校和研究机构，组成了 875 名师生参与的 42 个调查组，深入云南省 42 个区县的 348 个行政村、696 个自然村进行问卷调查和田野访谈工作。调查团队最终行程 7 万余公里，收集了 348 份目标村居问卷和 9048 份目标个人问卷，访谈地方相关部门成员、村干部和村民累计近千次。

在实际组织过程中，本次调查采用了“以项目为驱动、以问题为导向、以专家为引领”的政学研协同方式，不仅建立了省校之间的紧密合作关系，还设立了由我和云南大学原党委书记林文勋教授担任主任的学术指导委员会。委员均为来自北京大学、清华大学、中国社会科学院等高校和研究机构的社会学家、民族学家和人类学家，直接参与了调查方案设计、专题研讨以及预调研工作，充分保障了调查支持体系的运行。中国社会学会原秘书长谢寿光，卸任社会科学文献出版社社长后，受聘为云南大学特聘教授，以其多年组织全国性社会调查的经验，作为本次调查执行领导小组的负责人，具体组织实施了调查和成果出版工作。此外，为了便利后续的跟踪调查，更好地将学校小课堂延伸到社会大课堂、更好地服务于地方发展，本次调查还创建了面向国内外的永久性调查基地，并在此基础上全面推进全域调查基地建设、全面打造师生学习共同体，这一点在以往大型社会调查中是不多见的。

本次调查在方法设计方面也有一些值得关注的特色。首先，过去的许多大型社会调查以量化问卷调查为主，但这次调查着重强调了混合方法在大型调查中的应用，特别是质性田野调查和社会工作服务如何与量化问卷调查相结合。其次，这次调查非常重视实验设计在大型调查中的应用，对抽样过程中的匹配实验、问卷工具中的调查实验和社会工作实践中的干预实验都进行了有针对性的设计，这在国内的社会调查中是一个值得关注的方向。再次，与很多以往调查不同，本次调查的专题数据库建设与调查同步进行，从而能够及时地存储和整合调查中收集到的各种数据，包括但不限于问卷调查数据、田野访谈录音、官方数据、政策文件、实践案例、地理信息、照片、视频、村志等多种文本和非文本数据，提高了数据的共享程度、丰富程度和可视化程度。最后，本次调查在专题数据库建设过程中，开创性地引入了以 ChatGPT 为代表的人工智能技术，并开发研制了“数据分析与文本生成系统”（DATGS），在智能混合分析和智能文本生成方面进行了深入探索，这无疑有助于充分挖掘数据潜力。

本次调查的成果定名为“民族地区中国式现代化调查研究丛书”，这一定名全面地体现了本次调查的特色与价值，也体现了云南大学百年来在乡村社会调查中的优良传统，标志着云南大学乡村社会调查传统的赓续进入一个新的阶段。丛书约有 50 种，包括调查总报告、若干专题研究报告以及 42 部县域视角下的针对所调查区县的专门研究。作为一项庞大而系统的学术探索，本丛书聚焦于民族地区乡村社会的多个层面，翔实而深入地记录和分析了当代中国民族地区在迈向现代化的进程中所经历的变迁和挑战，描述和揭示了这一进程的真实面貌和内在逻辑，同时也为相关战略、政策的制定和实施提供了科学依据和理论支持。

本丛书研究成果的陆续推出，将有助于我们更加全面而深入地理解我国民族地区乡村社会转型和发展的多样性和复杂性，为民族学和社会学的发展注入新活力、新思想。期待本丛书成为推动中国社会学和民族学发展一个重要里程碑。

2023 年 10 月 31 日于北京

前言

乡村振兴战略是以习近平同志为核心的党中央对“三农”工作作出的重大战略部署，是国家对“三农”问题和城乡发展规律进一步深入认知的表现。同时，习近平总书记在党的二十大报告、中央农村工作会议中对乡村振兴作出了深刻阐述和全面部署，提出要坚持农业农村优先发展，坚持城乡融合发展，畅通城乡要素流动。国家发展改革委发布的《2022年新型城镇化和城乡融合发展重点任务》中提出，要深入推进以人为核心的新型城镇化战略，提高新型城镇化建设质量。2023年中央一号文件也要求从多方面推进以县域为重点的城乡融合发展。

自乡村振兴战略实施以来，云南省曲靖市麒麟区产业结构调整持续向好，人民收入不断提高，在全力推进城乡融合发展中不断推动乡村全面振兴，成为乡村振兴的实践典范，具有极高的学术理论研究与实践研究价值。麒麟区聚焦产业兴区、锚定首善之区、坚持改革牵引、紧盯民生关切、强化使命担当，在全力推进城乡融合发展中不断推动产业振兴、人才振兴、文化振兴、生态振兴与组织振兴，奠定了曲靖建设现代化经济体系的重要基础，成为建设美丽曲靖的关键举措、传承中华优秀传统文化的有效途径、健全现代社会治理格局的固本之策与实现全体人民共同富裕的必然选择，为云南省现代化与中国式现代化赋能助势，为多民族地区和边疆民族地区高质量发展提供了发展样本和实践经验。

本书是中国乡村社会大调查系列丛书之一，调研和数据收集依托于中国乡村社会大调查，由点及面反映云南脱贫攻坚的历史性成就和云南乡村振兴的具体实践。调研期间，麒麟区调研组对当地经济发展程度与地理区位不同的6个行政村12个自然村共计162户家庭进行了调查，通过参与观察与深度访谈广泛地搜集田野调查个案，运用定量与定性相结合的方法，在收集问卷和数据资料的同时，对当地政府部门、企业、居民进行实地访谈。主要研究内容包括：①阐释城乡融合发展的内涵及具体做法、城乡融合助推乡村振兴的内在机理；②介绍麒麟区的发展概况，包括行政构架发展历程，以及经济社会发展概况；③从麒麟区产业振兴、人才振兴、文化振兴、生态振兴与组织振兴五个方面进行阐述，详细介绍当地城乡融合发展推动乡村振兴的现状与模式、实践做法与问题短板；④提供五个城乡融合发展推动乡村振兴的典型案例；⑤总结归纳城乡融合发展推动乡村振兴的麒麟实践与发展建议。

本书认为，麒麟区通过城乡融合发展这一重要路径走出了独特且具有很大借鉴意义的振兴之路。一是通过优化产业空间布局、大力推进产业融合发展，推动土地合理流转、促进农业规模化经营，发展壮大新型经营主体、大力调整产业结构，打造周末经济和休闲经济旅游圈，助推城乡融合发展等促进产业振兴；二是通过将人才振兴纳入考核标准，建立健全乡村人才振兴机制，提升本土人才的素质和能力，大力推进农村创新创业、增强农业发展内生动力促进人才振兴；三是通过加快构建现代文旅公共服务体系，着力加强文旅人才队伍建设，打造特色文旅品牌、培育文化创意产业促进文化振兴；四是通过高效利用农业农村资源推动农业现代化发展，以农业-环境政策一体化促进绿美乡村建设，强化制度保障措施、加强宣传教育工作促进生态振兴；五是通过进一步推动城乡基本公共服务均等化建设，优化农村基层党组织标准化建设的考评程序，强化农民在乡村振兴中的主体意识，吸引和促进乡贤回流，建立健全系列制度体系、保障乡贤治村可持续发展，促进组织振兴。

本书由云南大学人口与社会研究所成员在细致调研与认真编撰后完成，具体分工为：绪论由谭智雄、徐阳撰写，第一章由李雅琳、张舒贤、李昀东撰写，第二章由张舒贤、刘欢撰写，第三章由李昀东撰写，第四章由庄须高、徐岗程撰写，第五章由徐阳、谭智雄撰写，第六章由李雅琳、别梦婕撰写，第七章、第八章由以上七部分全体成员撰写，后期主要由晏月平、李昀东与谭智雄负责统稿。本书的完成离不开云南大学、云南大学民族学与社会学学院各位领导和同人的大力支持，离不开麒麟区委区政府、麒麟区各相关区直单位的倾情相助。麒麟区委区政府及各相关区直单位提供了大量资料与数据，并在成稿后对书稿进行了认真细致校对，由衷感谢各单位为本次调研所提供的帮助及对稿件修改完善所提出的宝贵建议。同时，课题组尤其感谢云南大学经济学院吕昭河、徐晓勇等老师们的悉心指导。另外，社会科学文献出版社的编辑对书稿的修改提出了很多有益的建议，为本书出版提供了鼎力支持与帮助，在此一并致以最诚挚的谢意。

由于调研还不够持久深入，加上资料相对有限，目前对曲靖市麒麟区城乡融合发展的研究还有诸多不尽如人意之处，尤其是本地区的城乡融合发展如何更好地推进乡村振兴，还有进一步深挖与探讨的空间，在此期待还有机会针对该主题进行跟进研究与具体评估，也恳请读者们提出宝贵建议。

乡村振兴战略提出的逻辑起点和现实背景是城乡差距大，乡村发展能力较弱、发展水平低。发展水平高、发展能力强的城市对乡村发展有着较强的带动作用。城乡融合发展与乡村振兴之间是一种互补型、立体式、复合性的多层逻辑关系。依据麒麟区发展优势与特点，在正确处理好新型城镇化与乡村振兴关系的基础上，寻找兼容双重目标的发展路径，以推进麒麟区乡村与城镇化发展互促共进是本书出发点与价值所在。

目　录

绪 论

习近平总书记在江西考察时指出："要把乡村振兴起来，把社会主义新农村建设好。"① 乡村振兴，不能就乡村论乡村，不能让乡村成为孤岛，必须走城乡融合发展之路。首先，城乡融合是乡村振兴发展的必由之路。城乡融合与乡村振兴发展战略是相辅相成、相互补充、相互促进的，乡村振兴的成功取决于各环节的协同推进，其中必然包括城乡融合发展。其次，城乡融合为推进乡村振兴提供保障。只有加快缩小城乡差距，促进城乡融合，才能更好地推进乡村振兴，才能实现城市与乡村共同发展，补齐乡村建设短板，才能实现城乡一体化。同时，乡村振兴中所形成的日益完善的基础设施、公共服务、社会保障等方面政策体系，为城乡融合发展创造了有利条件。最后，城乡融合是推进乡村振兴的重要路径，是破解城乡发展不平衡、农村发展不充分难题的重要手段。由于城乡资源配置不均衡、城乡资源和要素的流动不等价，城市具有强大的虹吸效应。破解乡村资源发展困局，唯有推进城乡融合发展。乡村振兴需要城乡资源、要素的流动互通，城乡融合发展需要乡村振兴的全面支持。在遵循城乡互动发展规律基础上，以城乡融合为切入点，实现城乡良性健康促进。推动乡村振兴，实现城乡融合发展是一项长期任务。要加快实现城乡公共服务均等化、城乡居民收入均衡化、城乡要素配置科学化、城乡产业发展融合化、城乡治理现代化，以城乡融合推进乡村振兴，实现广大人民群众稳定持续增收，不断提高人民生活品质，以提升农民的获得感、幸福感和安全感为目标，在高质量发展中实现全体人民共同富裕。

---

① 习近平：《论"三农"工作》，中央文献出版社，2022，第227页。

第一节　城乡融合发展的内涵与具体做法

城乡融合发展是实现中国式现代化的重要途径，中国城乡融合发展思想早在20世纪50年代就已经出现。城乡二元结构致使城市与乡村之间在经济基础、政策支持、基础设施建设、社会保障、医疗技术条件和文化教育等各个方面都出现较大差距，乡村在城乡二元格局中长期处于弱势地位。在推进中国式现代化和城市化进程中，广大乡村和农民做出了极大贡献，为城市和城市居民的发展提供了有力支持。但乡村并没有因此充分地享受到经济社会发展带来的好处和实际红利。可以说，中国经济社会发展的根本在农村，乡村振兴的根本在于农业农村发展，中国式现代化目标的实现最艰巨的任务在农村。习近平总书记在党的十九大报告中指出，“中国特色社会主义进入新时代，我国社会主要矛盾已经转化为人民日益增长的美好生活需要和不平衡不充分的发展之间的矛盾”①。这种不平衡不充分的发展主要指城乡之间发展的不平衡不充分、地区之间发展的不平衡不充分。实际上，城市与乡村是一个整体，也是一个命运共同体，长期的二元隔离局面不利于中国城乡长久和谐稳定与可持续发展，应相互借鉴、相互补充与相互融合，在经济、社会、生态等方面实现优势互补，实施整体谋划与统筹发展。

一　城乡融合发展的内涵

城乡融合发展是针对城乡二元结构问题而提出的，其重点是要推进城乡经济的联动、社会的趋同、空间的融合与制度的一体，城乡融合发展可释放可观的改革红利，带动经济社会持续发展，增进民生福祉。城乡融合发展作为城镇化发展的高级阶段，是国家现代化的重要标志，也是推进国

① 习近平：《决胜全面建成小康社会　夺取新时代中国特色社会主义伟大胜利——在中国共产党第十九次全国代表大会上的报告》，人民出版社，2017，第14页。

家新型城镇化战略的现实需求与重要目标①。城乡融合发展的重要目标是消除城乡二元结构，消除城乡二元结构的体制根源，建立城乡统一市场，推动城乡居民收入基本一致，城乡居民公共服务水平基本一致，特别是消除社会保障的城乡分离体制。但是，城乡融合发展并不是追求“一样化”“一元化”②，城乡融合发展之所以重要，在于良好的城乡融合发展会为农村的全面发展创造有利条件。本质上，城乡融合发展是基于城乡人口、技术、资本、资源等要素的融合，逐步达到城市和农村在经济、社会、文化、生态、空间、政策（制度）上一体化发展的过程。城乡融合发展程度高，意味着城乡之间生产要素能够自由流动，具有较为发达的交通和物流体系，能够将乡村内外的资源有效链接起来，而城乡融合发展程度低则意味着城乡间制度壁垒、市场壁垒高筑，融合互补的潜能难以释放③。总体上，城乡融合发展是对国家现代化发展规律的深刻认识，是解决社会主要矛盾的必然选择，对促进经济社会持续发展、消除城乡差距、重塑城乡关系、推进共同富裕具有重要的现实意义。

城乡融合发展不仅要求城市和乡村在经济方面平等，还要求在社会、文化、教育和医疗基础设施与公共服务等方方面面实现公平。首先是基础设施的城乡融合发展，涉及农村自来水、污水处理、道路硬化等基础设施的完善程度。其次是劳动力市场的城乡融合发展，即在劳动力市场中消除制度壁垒，实现城乡劳动力的自由流动，建立起城乡统筹发展、竞争有序、充满活力的劳动力资源市场。最后是公共服务的城乡融合发展，即逐渐消除城乡间公共服务差距，最终促使城乡公共服务融为一体的状态与过程，这涉及城乡教育的均衡发展、公共卫生服务资源的合理配置、乡镇文化站和村文化室的建设等④。

① 贺艳华、周国华、唐承丽、谭雪兰、陈征、范曙光：《城市群地区城乡融合发展空间组织理论初探》，《地理研究》2017 年第 2 期，第 241~252 页。

② 龙启蒙、傅鸿源、廖艳：《城乡一体化发展的资本困境与突破路径——基于西方马克思主义资本三循环理论的思考》，《中国农村经济》2016 年第 9 期，第 2~15 页。

③ 王建民：《产业基础、城乡融合发展与数字乡村建设类型分析》，《中国农业大学学报》（社会科学版）2022 年第 5 期，第 13~24 页。

④ 吴业苗：《农村公共服务社区化与实现路径——基于城乡一体化视角》，《中州学刊》2013 第 6 期，第 66~71 页。

城乡融合发展包括城乡经济、空间、生产要素、公共服务、基础设施建设、生态环境多方面的融合。经济融合，是指形成产业优势互补、分工科学合理的有机体。空间融合，是指城乡空间形态互相渗透，打破“城市只有现代、乡村只有生态”的局面，使得城市也有生态，乡村也有现代。生产要素融合，是指人与物实现双向自由流动，提高资源利用效率。公共服务融合，指加大农村基本公共服务投入力度，实现城乡医疗、教育与社会保障一体化。基础设施建设融合，指将城市的通信、供电供水、科教、交通、文化等相关设施向乡村拓展，实现一体化。生态环境融合，是指城乡能量、物质循环系统健全，乡村田园风光与城市环保理念相互拓展。

城乡融合发展作为推动中国式现代化和城市化发展的重要方式，就是要全力改变原有以城市为主、乡村为辅的城乡二元分割发展格局，实现城乡二元融合一体发展。要把城市和乡村、工业和农业、城市居民和乡村居民视为一个整体进行统筹协调和整体规划，通过体制和制度的调整和安排，促进乡村地区健康持续发展、缩小城乡之间的差距，实现城乡在社会经济生态等各个方面的协调同步发展，使城市居民和乡村居民能够平等地享受国家发展所带来的红利。城镇化是现代化的必由之路，经过长时间城镇化发展战略的大力推进，我国城镇的规划、建设与管理取得了长足进展。与此同时，城镇化在创造更大农产品消费市场、推动农村剩余劳动力转移与支撑乡村发展等方面发挥了重要作用。实施乡村振兴战略需要推动资金、技术、人才等现代生产要素由城镇向农业农村延伸，实现对乡村价值的发现与再利用。[①] 城镇化发展战略立足城市、联系乡村，乡村振兴战略立足乡村、联系城市，城乡融合发展作为两大发展战略的契合点，是实现城乡互利共荣的有效路径。

二　城乡融合发展的具体做法

在中国全面开启社会主义现代化建设的背景下，城乡融合发展要求经济建设、政治建设、文化建设、社会建设和生态文明建设“五位一体”的城乡

---

① 谭明方：《城乡融合发展促进实施乡村振兴战略的内在机理研究》，《学海》2020年第4期，第99~106页。

协调发展，最终落脚点是人民生活水平的提升①。城乡融合发展作为最终的目标和结果，通过统筹城乡发展，实现城乡协调，关键是要推动形成以工促农、以城带乡、工农互惠、城乡一体的新型工农城乡关系②，这也是县域走城乡融合发展道路的必由之路。进入中国式现代化和城市化发展的新阶段，在实现城乡融合持续发展上，具体可从以下几个方面入手。

（一）为乡村经济发展注入新动力

要大力推动乡村地区经济社会事业的发展，让广大乡村地区和乡村人民为经济发展注入新鲜血液和动力。要转变原来的城乡二元对立格局，以城乡融合发展的新格局推进乡村地区发展，实现乡村振兴。城乡融合发展是一个长期的过程，这个过程要求政府、社会和个人三方力量的共同参与，由此才能真正有效地推进乡村地区的发展，有力地促进乡村振兴和农业农村现代化。

（二）增强城市辐射能力、承载能力与带动力

坚持以城乡统筹发展为主线，以推动大、中、小城市协调发展为重点，以体制机制创新为动力，着力增强城市高端要素的集聚能力，增强城市带动农村发展的辐射能力，增强城市宜居宜业的承载能力，着力构建以城带乡、以乡促城、城乡互促共进的新型城市化工作机制，促进新型城市化、新型工业化、农业现代化同步发展，加快形成城乡融合发展新格局③。通过基础设施的延伸建设，可增强城市对周边乡村的辐射力。国家发展改革委发布的《2022年新型城镇化和城乡融合发展重点任务》中提出，持续深化户籍制度改革。各类城市要根据资源环境承载能力和经济社会发展实际需求，畅通在本地稳定就业生活的农业转移人口举家进城落户渠道。同时，

① 关枢：《长三角区域城乡一体化发展水平的时序变化与空间分异》，《现代经济探讨》2022年第9期，第124~132页。

② Yansui Liu, Cong Schen, & Yurui Li, "Differentiation Regularity of Urban-rural Equalized Development at Prefecture-level City in China," *Journal of Geographical Sciences* 25 (2015): 1075-1088.

③ 《赵洪祝强调：加快形成城乡一体化发展新格局》，http://www.gov.cn/gzdt/2012-05/12/content_2135503.htm。

充分发挥县城连接城市与服务乡村的作用，增强其对乡村的辐射能力、带动能力与承载能力。

（三）统筹城乡规划，协同发力推进建设城乡命运共同体

实现城乡融合发展，政府所要做的不仅是对乡村地区给予更多财政方面的支持，还要在政策环境、转移支付与制度保障等方面给予乡村地区给予更多的支持和帮扶。城市与乡村之间的长期差距，使得城乡之间不仅在经济方面，而且在以经济为基础建立起来的各种上层建筑和思想观念等方面都存在差距。为此，需要统筹协调多方面因素，多措并举协同发力。一是应加大对乡村地区的支持力度，尽快弥补这些差距；二是应促进产业协同发展，推进城乡产业兴旺；三是积极深化要素改革，激发乡村内生发展动力，发挥城乡协同效应，推进城市和乡村齐头并进、共同发展。

第二节　城乡融合助推乡村振兴的内在机理

乡村振兴战略在党的十九大报告中首次提出，是以习近平同志为核心的党中央对“三农”工作做出的重大战略部署，乡村振兴战略的推动实施是国家对“三农”问题和城乡发展规律进一步深入认知的表现，是“美丽乡村建设”“新农村建设”的升级和飞跃。实施乡村振兴战略，要以生活富裕为根本、治理有效为基础、乡风文明为保障、产业兴旺为重点、生态宜居为关键，五个方面组成一个有机整体，相互协调、关联与促进，“五位一体”共同推动乡村振兴的实现（见图0-1）。

乡村振兴战略与城乡融合发展在中国特色社会主义实践中互为支撑、互相推动，达到“1+1>2”的效果。城乡融合发展是实现乡村振兴的必由之路和关键一步，通过优化城乡空间布局可以打通城乡资源互相流动的渠道，完善与发展不同层级的发展轴线和增长中心，逐步构建起城乡融合发展的空间网络，发挥城乡间的涓滴效应，从而促进乡村振兴的实现；通过创新制度供给，可以建立城乡资源要素双向流动的政策体系与体制机制，发挥市场在资源配置中的决定性作用与政府在资源配置中的宏观调控作用，为乡村

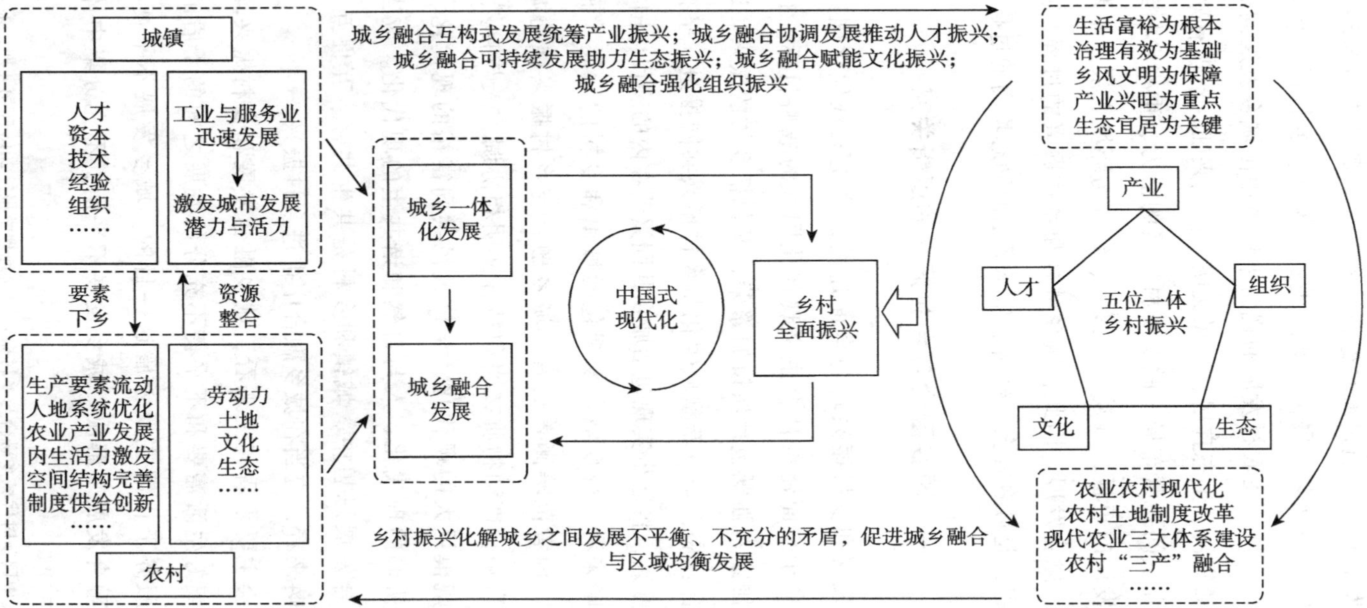

图 0－1　城乡融合与乡村振兴助推中国式现代化实现

振兴提供核心发展动力；通过城乡经济与社会，资源、人口与环境融合可以直接拉动农村的经济社会发展，从而实现乡村振兴。乡村振兴作为推动城乡融合的基本路径，是站在农村发展的视角来思考中国城乡发展问题的基本战略，它按照生活富裕、生态宜居、乡风文明、产业兴旺、治理有效的总要求，通过优化社会和空间要素布局、激发乡村发展的活力、重构乡村经济，不断补齐城乡融合发展的短板，推动乡村人口、经济与环境发展，不断缩小城乡差距，推进城乡融合发展。因此，城乡融合和乡村振兴的过程，是城乡差距不断缩小的过程，是城乡社会、经济、生态等空间动态均衡的过程。

一　城乡融合与乡村振兴的逻辑关系

城乡融合发展和乡村振兴均为全面建设社会主义现代化国家的战略举措，二者都服务于全面建设社会主义现代化国家的战略目标。在民族复兴的中国梦中，国家富强既包括城镇的繁荣，又包括乡村的振兴。通过一体化地推进城乡融合发展，坚持新型城镇化与乡村振兴共同推进，坚持在城乡融合中推进乡村振兴，将逐步实现包括城乡共同繁荣在内的现代化国家目标。

从概念范畴来看，城乡融合发展包括城镇和乡村的发展，而乡村振兴是乡村的振兴，前者范畴涵盖后者。城乡融合与乡村振兴推动城乡人口结构调整、共同富裕，推动物质文明和精神文明相协调、人与自然和谐共生，推动实现人口规模巨大的现代化、全体人民共同富裕的现代化、物质文明和精神文明相协调的现代化、人与自然和谐共生的现代化。应当深刻认识到，在城乡融合发展思想中，城镇和乡村是共生共存、互促互进的①。因此，从概念范畴来看，应当在城乡融合中推进乡村振兴。

从我国社会主要矛盾转变来看，城乡融合发展和乡村振兴均是解决人民日益增长的美好生活需要和不平衡不充分的发展之间的矛盾的重要战略举措。二者均服务于化解主要矛盾这一目的。城乡发展不平衡、不充分，需要通过城乡融合发展来解决。城乡发展不平衡、不充分集中体现为乡村

① 刘彦随：《中国新时代城乡融合与乡村振兴》，《地理学报》2018年第4期，第637~650页。

发展滞后、乡村处于短板位置，必须通过城乡融合发展，特别是通过实施乡村振兴战略加以破解。这就要求把乡村振兴作为新时期“三农”工作的重心，在城乡融合发展新格局中，以乡村振兴为统领，全力推进“三农”工作，助推乡村发展，焕发乡村发展新活力。

从二者间的相互作用来看，乡村振兴包含产业、人才、文化、生态与组织五个方面的振兴，主要内容包括农业农村现代化、农村土地制度改革、现代农业三大体系建设、农村“三产”融合等①。城乡融合发展强调城乡互动，在乡村振兴战略的实施中，城乡融合发展秉承“坚持农业农村优先发展”的基本前提，通过互构式发展统筹产业振兴，协调式发展推动人才振兴，可持续发展助力生态振兴，同时赋能文化振兴，强化组织振兴。城乡融合通过科学的功能区规划、“多规合一”和“点轴”规划等优化城乡空间结构，通过社会保障制度、农村土地制度、户籍制度等制度供给创新，促进城乡生产要素合理流动与优化组合，激发乡村内生动力和活力，逐步建立全面融合、共同繁荣的新型工农城乡关系，实现城乡人地系统的优化，推动城乡互促共进、协同发展，从而实现乡村全面振兴②。

二 城乡融合助推乡村振兴的现实意义

城乡融合发展通过城市与乡村之间的资源交换与整合，在促进城市工业与服务业迅速发展以激发城市发展潜力与活力的同时，有利于推动乡村生产要素流动、人地系统优化、农业产业发展、内生活力激发、空间结构完善、制度供给创新等。中国乡村振兴的实现单靠乡村本身的发展是不切实际的，要达到城乡融合发展，实现乡村振兴，利用城市发展优势增强城市辐射带动乡村发展的潜力与作用，推动乡村朝着富裕文明的主流方向迈进。城乡融合助推乡村振兴的现实意义主要体现在以下几个方面。

---

① 《中共中央、国务院印发：乡村振兴战略规划（2018—2022年）》，《人民日报》2018年9月27日。

② 何仁伟：《城乡融合与乡村振兴：理论探讨、机理阐释与实现路径》，《地理研究》2018年第37期，第2127~2140页。

其一，城乡融合助推城乡土地要素交换机制完善。土地是最基本的生产资料，为支援国家工业化、城镇化发展和基础设施建设，农村贡献了大量土地资源。城乡融合发展，有利于促进农村基本经营制度巩固，完善对被征地农民的合理、规范、多元保障机制，打破农民财产收入增加障碍，吸引资金、技术人才等要素流向农村，使农村闲置住房成为发展乡村旅游、养老、文化、教育等产业的有效载体，同时盘活可利用土地，通过村庄整治、空闲零散建设用地整理等方式使节约的建设用地重点支持乡村振兴①。

其二，城乡融合推动财政优先保障、金融重点倾斜、社会积极参与的多元投入格局形成，有利于改变资金单向流向城市的困局。由于农业产业比较收益低和价格剪刀差的存在，农村的储蓄资金经多种金融渠道分流到城市或非农产业。城乡融合助推乡村振兴，有利于推动完善实施乡村振兴战略的财政投入保障制度，健全适合农业农村特点的农村金融体系，积极引导工商资本下乡等。

其三，城乡融合推动人才通道畅通。人是最革命、最活跃的因素，乡村要振兴，人才必不可少。过去多年来，城乡二元结构使得农村人才单方向流向城市、流向非农产业。城乡融合助推乡村振兴，有利于建立有效激励机制，进一步整合资源，大力培育新型职业农民和各类专业人才，建立健全乡村治理体系，在为人才创造好的制度环境的同时，培育、用好一批新乡贤，促进乡村振兴②。

其四，城乡融合推动农业产业现代化实现，有利于改变过去乡村被动依靠工业支持的局面，转而进一步寻求内生力量实现乡村振兴。城乡融合助推乡村振兴，有利于促进传统产业模式转变，多途径高效能释放乡村产业的潜力③；有利于依托乡村自身优势，打造“原生态”乡村产业；有利于

① 张英男、龙花楼、马历、屠爽爽、陈坤秋：《城乡关系研究进展及其对乡村振兴的启示》，《地理研究》2019年第3期，第578~594页。

② 叶超、于洁：《迈向城乡融合：新型城镇化与乡村振兴结合研究的关键与趋势》，《地理科学》2020年第4期，第528~534页。

③ 孔祥利、夏金梅：《乡村振兴战略与农村三产融合发展的价值逻辑关联及协同路径选择》，《西北大学学报》（哲学社会科学版）2019年第2期，第10~18页。

吸引更多人才、技术、信息和资源回归农村。

其五，城乡融合推动城乡生态共建，壮大乡村绿色生态产业，在拓宽农民增收渠道的同时，促进绿美乡村建设。对乡村振兴而言，发展绿色生态产业既可以实现传统产业的合理转型，又有利于实现城乡生态共建与保持生态平衡，在城乡之间搭建起坚实的桥梁，成为城乡融合发展推动实现乡村振兴的不竭动力。城乡融合助推乡村振兴，有利于推动现代集约型农业发展，整合一、二、三产业；有利于发展绿色工业，带动乡村“绿色生产”和“绿色制造”；也有利于改善人居环境，实现乡村城市均宜居，从而持续促进乡村振兴。

其六，城乡融合推动传统文化根源与基地的保护，强化文化引领与历史文化保护，促进文化传承与创新。中国拥有五千年的悠久历史，传统文化的根基在农村，保护乡村民俗和乡土风情也是保护传统文化。城乡融合发展，为农村文化产业发展创新带来全新发展机遇，有利于保护乡村文化基因，用独特性实现城乡文化共融，在求同存异中解决城乡文化冲突；有利于建设田园城市，留住乡村传统聚落，用现代化、原生性实现城乡文化共融；也有利于依托数字化信息载体，促进乡村振兴，实现城乡文化共融①。

第三节 调研地点与调研方案

麒麟区位于滇东高原中部地区，东与富源县、罗平县接壤，南与陆良县毗邻，西与马龙区交界，北与沾益区相连，城区距省会昆明 135 千米。②乡村振兴战略实施以来，麒麟区聚焦产业兴区、蓄势赋能，锚定首善之区、强基补短，坚持改革牵引、优化服务，紧盯民生关切、增进福祉，强化使命担当、主动作为，在全力推进城乡融合发展中不断推动乡村振兴，产业结构调整持续向好，人民收入不断提高，全面振兴成效显著。

---

① 张英男、龙花楼、马历、屠爽爽、陈坤秋：《城乡关系研究进展及其对乡村振兴的启示》，《地理研究》2019 年第 3 期，第 578~594 页。

② 《麒麟概况》，http://www.ql.gov.cn/qilin/about/qlqk.html。

本书的调研和数据收集依托于“中国乡村社会大调查（云南）”，该项目是由云南大学启动实施的重大项目，旨在深入学习贯彻党的二十大精神，落实省委、省政府的重大部署。该项目围绕乡村“产业振兴、人才振兴、文化振兴、生态振兴、组织振兴”，全面反映云南脱贫攻坚的历史性成就和云南乡村振兴的具体实践，为边疆民族地区高质量发展提供支持。本次中国乡村社会大调查共对云南省42个样本区县348个行政村9048户家庭开展入户调查，通过县级相关部门、行政村、自然村、家户四级联动，通过参与观察与深度访谈，广泛地搜集42个县域的田野调查个案。

本次中国乡村社会大调查在抽样设计上首先将云南全省129个区县分为两类。一类区县为县级层次的推断样本，用以满足县级层次的推断要求（本次调查选择了4个区县，也称为“大样本县”，采用“粗化的精确匹配方法”，以保证选出的4个“大样本县”在一些指标上具有相似性，但在另一些指标上存在一些不同，以便进行实验组与控制组的比较）。二类区县为除上述4个“大样本县”外的125个区县（“小样本县”），这类区县不能在县级层次进行推断。通过对这两类样本数据的加权可以得到对129个区县总体的有效估计数据，进而用来推断全省发展状况。行政村选点则是根据田野调查的“典型性”或“重要性”排序，抽样组通过反复随机抽样，选出5套以上至少包含3个最典型的或最重要的行政村的抽样方案，返给各团队。麒麟区调查组再根据当地社会经济发展状况与定性研究需求，确定最后的调研自然村点。整个调研地点选取采用多阶段混合概率抽样方法，每个阶段随机抽样，兼顾了调研的整体科学合理性与各调研小组的实际研究需求，保证调研结果有效。

麒麟区乡村社会大调查调研方案采用定量与定性结合的方法，在收集问卷和数据资料的同时，对当地政府部门、企业、居民进行实地访谈与基线调查，同时多次赴麒麟区发展和改革局、农业农村局、乡村振兴局等九部门进行座谈。调研地点包括麒麟区经济发展程度不同、地理区位不同的6个行政村（分属于三宝街道、东山镇、珠街街道、茨营镇与越州镇，内含12个自然村），包括上坡村（河包湾村、平旗田村）、中所村（大箐口村七组、大箐口村八组)、兴龙村(亮子村、川龙村)、卡基村(卡基上村、卡基下村)、哈马寨村(哈马寨村、法克村)、薛旗村(杨旗村、麦地村),共计 162 户家庭进行翔实具体调查(见表 0-1)。其中,哈马寨村 2021 年人均 GDP 均超过 2 万元,兴龙村最低,为 12980 元,其他行政村中卡基村为 14727 元,上坡村为 17420 元,薛旗村为 16000 元。2021 年人均 GDP 最高与最低的行政村之间相差达 7519 元,行政村的选取兼顾了不同收入梯次的人群。从户数与人数来看,最多的兴龙村为 1640 户 6529 人,最少的哈马寨村为 350 户 1443 人,其他行政村的户数与人数分别为卡基村 1171 户 5058 人、中所村 1519 户 5578 人、上坡村 1552 户 5491 人、薛旗村 1211 户 4283 人,户数相差最大为 1290 户,人数相差最大为 5086 人,行政村的选取兼顾了不同户数与人数的村落。从地理区位来看,6 个行政村中 3 个为半山半坝区(兴龙村、中所村与薛旗村),2 个为山区(卡基村、哈马寨村),1 个为坝区(上坡村),兼顾了不同地理区位的村落。

表 0-1 调研地点各行政村基本状况

<table>
<tr><th>所属乡镇/街道</th><th>行政村</th><th>自然村</th><th>2021 年人均 GDP(元)</th><th>2022 年户数与人数</th><th>地理区位</th></tr>
<tr><td rowspan="2">三宝街道</td><td rowspan="2">兴龙村</td><td>亮子村</td><td rowspan="2">12980</td><td rowspan="2">1640 户 6529 人</td><td rowspan="2">半山半坝区</td></tr>
<tr><td>川龙村</td></tr>
<tr><td rowspan="2">东山镇</td><td rowspan="2">卡基村</td><td>卡基上村</td><td rowspan="2">14727</td><td rowspan="2">1171 户 5058 人</td><td rowspan="2">山区</td></tr>
<tr><td>卡基下村</td></tr>
<tr><td rowspan="2">珠街街道</td><td rowspan="2">中所村</td><td>大箐口村七组</td><td rowspan="2">20251</td><td rowspan="2">1519 户 5578 人</td><td rowspan="2">半山半坝区</td></tr>
<tr><td>大箐口村八组</td></tr>
<tr><td rowspan="2">茨营镇</td><td rowspan="2">哈马寨村</td><td>哈马寨村</td><td rowspan="2">20499</td><td rowspan="2">350 户 1443 人</td><td rowspan="2">山区</td></tr>
<tr><td>法克村</td></tr>
<tr><td rowspan="4">越州镇</td><td rowspan="2">上坡村</td><td>平旗田村</td><td rowspan="2">17420</td><td rowspan="2">1552 户 5491 人</td><td rowspan="2">坝区</td></tr>
<tr><td>河包湾村</td></tr>
<tr><td rowspan="2">薛旗村</td><td>杨旗村</td><td rowspan="2">16000</td><td rowspan="2">1211 户 4283 人</td><td rowspan="2">半山半坝区</td></tr>
<tr><td>麦地村</td></tr>
</table>

资料来源:《麒麟区年鉴(2022)》、中国乡村社会大调查调研数据。

在乡村振兴战略的实施中，城乡融合发展秉承“坚持农业农村优先发展”的基本前提。麒麟区位于昆明都市圈与滇东地区的交界地带，历史悠久，城镇化水平较高，且经济与城市发展水平、收入与就业、教育医疗卫生，以及文化与生态状况很好地适应了城乡融合发展推动乡村振兴的道路，城乡生产要素合理流动与优化组合更易实现，乡村内生动力和活力更易激发，全面融合、共同繁荣的新型城乡关系更易建立。通过城乡互构式发展统筹产业振兴，协调式发展推动人才振兴，可持续发展助力生态振兴，同时赋能文化振兴，强化组织振兴，是麒麟区实现乡村振兴的必由之路。

第一章　麒麟区发展概况

第一节　行政架构发展历程

麒麟区因麒麟山而得名，是爨文化的发祥地之一，位于云南省东部，滇东高原中部，南盘江上游，地处东经103°10′~104°13′、北纬25°08′~25°36′，城区海拔1820米，总面积1552.83平方千米，320国道、326国道和昆曲、曲陆、曲胜、曲师、曲宣5条高速公路及贵昆铁路交织于此，是曲靖市政治、经济、文化中心。2022年末，麒麟区共有常住人口100.6万人，其中男性50.42万人，女性50.18万人。常住人口男女比例为100.47∶100（以女性为100）。麒麟区城镇人口78.9万人，乡村人口21.7万人。按常住人口计算，人口出生率为6.24‰，人口死亡率为6.43‰，人口自然增长率为-0.19‰，城镇化率为78.43%。2022年，麒麟区辖3个镇，11个街道办事处，54个村民委员会和80个社区。①

一　设县至新中国成立

西汉元封二年（前109年），汉武帝在今麒麟区境内设置味县，属益州郡。蜀汉建兴三年（225年）改益州郡为建宁郡，治味县；同时，将统辖南中7郡的庲降都府从古毕节（今贵州毕节）迁到味县，味县成为南中地区的政治、军事中心。②

---

① 《麒麟概况》，https://www.ql.gov.cn/qilin/about/qlgk.html。

② 曲靖市志编纂委员会：《曲靖市志（1978~2005年）》（第一卷），云南人民出版社，2009，第193~196页。

西晋泰始七年（271 年），分南中为建宁、云南、永昌、兴古 4 郡，设置宁州（治味县）。太安元年（302 年）复置宁州。隋初，设南宁州总管府，治味县。唐武德七年（624 年）改总管府为都督府。贞观八年（634 年）改南宁州为郎州。开元五年（717 年）复名南宁州。天宝末年，南诏控制爨氏统治地区，南中政治中心转移到洱海地区。贞元十年（794 年），置石城郡，统辖原建宁郡地区，属拓东节度，治味县。①

宝祐四年（1256 年），设磨弥万户府驻石城。咸淳七年（1271 年），改磨弥万户府为中路总管府。元至元十三年（1276 年），改中路总管府为曲靖路总管府，改石城千户为南宁州，改普磨千户为越州。至元二十二年（1285 年），改南宁州为南宁县，仍为曲靖路治所。明洪武十五年（1382 年），设曲靖府，治南宁。洪武二十七年（1394 年）升曲靖府为曲靖军民府。清雍正八年（1730 年），设迤东道，领曲靖、广西等 7 府，驻南宁县。乾隆三十年（1765 年），改曲靖军民府为曲靖府。民国元年（1912 年），裁撤南宁县，由曲靖府领南宁事。民国二年（1913 年）裁撤曲靖府，设立曲靖县。民国三十七年，即 1948 年，设云南省第二区督察专员公署，驻曲靖县城。②

二　新中国成立至 1998 年麒麟区设立

1950 年 3 月，成立曲靖县人民政府。1958 年 4 月、11 月，先后撤销沾益县、马龙县建制，所辖区域并入曲靖县。1961 年 4 月、1965 年 7 月先后恢复马龙县、沾益县建制。1983 年 9 月 9 日，撤销曲靖县、沾益县建制，设立县级市曲靖市。1997 年 5 月 6 日，国务院批准撤销曲靖地区设立地级市曲靖市，撤销县级市曲靖市，分设麒麟区、沾益县。③

① 曲靖市志编纂委员会：《曲靖市志（1978~2005 年）》（第一卷），云南人民出版社，2009，第 193~196 页。

② 曲靖市志编纂委员会：《曲靖市志（1978~2005 年）》（第一卷），云南人民出版社，2009，第 193~196 页。

③ 曲靖市志编纂委员会：《曲靖市志（1978~2005 年）》（第一卷），云南人民出版社，2009，第 193~196 页。

1978年，曲靖县设1镇8社，即城关镇、环城公社、西山公社、珠街公社、沿江公社、三宝公社、越州公社、茨营公社、东山公社，下设90个大队、4个居民委员会。1979年，撤销环城公社，设立潇湘公社。1981年2月，恢复环城公社，1984年3月，改镇、公社为区，改大队为乡，居民委员会改为街道办事处。1986年2月，改城关区为城关街道办事处，原城关区所辖街道办事处改为居民委员会。1987年11月，撤区建乡、镇。镇下设办事处，乡下设村公所。1998年，麒麟区成立。麒麟区设4镇6乡，即城关镇、越州镇、三宝镇、东山镇、环城乡、西山乡、珠街乡、沿江乡、潇湘乡、茨营乡，下设104个村公所（办事处）。[①]

三　2000年以来的行政架构变动

2000年9月，麒麟区撤销城关镇、环城乡，成立南宁、建宁、白石江、寥廓4个街道办事处，下设社区居民委员会。2004年11月，撤销西山乡，成立西城街道办事处。2005年，麒麟区共设南宁、建宁、白石江、寥廓、西城5个街道办事处，三宝、越州、东山3个镇和珠街、沿江、潇湘、茨营4个乡，80个村民委员会，39个社区居民委员会。2006年，撤销潇湘乡，其行政区域并入寥廓街道办事处。2013年12月西城街道办事处分设为翠峰街道和西城街道2个街道办事处，在原寥廓街道、南宁街道、建宁街道、白石江街道的基础上，增设潇湘街道、益宁街道、太和街道、文华街道，此外，撤销珠街乡、沿江乡、三宝镇，设立珠街街道、沿江街道、三宝街道，撤销茨营乡，设立茨营镇，保留越州镇、东山镇。[②]

截至2020年，麒麟区共设东山、越州、茨营3个镇，三宝、沿江、珠街、南宁、益宁、寥廓、潇湘、白石江、文华、建宁、太和11个街道办事处，共有54个村民委员会，80个社区。曲靖市麒麟区人民政府综合职能部

---

① 曲靖市志编纂委员会：《曲靖市志（1978~2005年）》（第一卷），云南人民出版社，2009，第193~196页。

② 云南省民政厅区划地名处：《云南省2013年6月1日至2017年6月30日行政区划变更情况》，http://ynmz.yn.gov.cn/preview/article/6142.html。

门为区人民政府办公室，下设28个工作部门①。

第二节　经济社会发展概况

经济社会的发展状况是衡量一个地区发展程度的重要指标，促进经济社会发展是一个地区的首要任务。作为曲靖市政治、经济、文化中心，麒麟区以“产业转型发展示范区、省域副中心城市核心区、商贸服务业聚集区”为发展定位，在全市的发展大局中具有重要的作用。党的十八大以来，麒麟区坚定不移地抓发展、促改革、惠民生，经济总量突破千亿元大关，经济社会发展取得了显著的成就②。经济社会发展是乡村振兴的重要支撑，麒麟区经济社会的持续发展为实现乡村振兴提供了强大的动力引擎，助力麒麟区快速实现乡村振兴。

一　经济发展状况

2017~2022年，麒麟区经济发展不断取得新成效（见表1-1），地区生产总值从2017年的633.0亿元增加至2022年的1173.5亿元。2020年和2022年麒麟区地区生产总值增速均高于曲靖市和云南省的地区生产总值增速。2022年，曲靖市实现地区生产总值3802.2亿元，全市各区县中麒麟区以1173.5亿元排名第一，显著高于其他区县，占全市比重超过30%。可见，

① 计入机构限额的区政府工作部门28个。其中，发展和改革局挂区粮食和物资储备局牌子；工业和信息化局挂区科学技术局、区中小企业局牌子；财政局挂区政府金融办公室、区政府国有资产监督管理委员会牌子；住房和城乡建设局挂区人民防空办公室牌子；农业农村局挂区畜牧兽医局牌子；商务局挂区政府外事办公室牌子；文化和旅游局挂区文物局牌子；卫生健康局挂区中医药管理局、区防治艾滋病局牌子；市场监督管理局挂区政府食品安全委员会办公室、区知识产权局牌子；政务服务管理局挂区行政审批局、区公共资源交易管理局牌子。民族宗教事务局与区委统一战线工作部合署办公，列入政府工作部门序列，不计入机构限额；市公安局麒麟分局、市生态环境局麒麟分局，为上级部门派出机构，不计入机构限额。

② 滕仕矿：《推动全面从严治党向纵深发展　当好全市经济社会发展火车头》，《曲靖日报》2022年12月22日。

麒麟区在曲靖市的经济发展中占据了重要位置，这为麒麟区现阶段实现城乡融合发展提供了现实基础与可能，也为产业发展奠定了重要基础。

表 1-1　2017~2022 年麒麟区经济发展状况

单位：亿元，%

年份	麒麟区第一产业增加值占比	麒麟区地区生产总值	麒麟区地区生产总值增速	曲靖市地区生产总值增速	云南省地区生产总值增速
2017	25.2	633.0	9.7	10.0	9.5
2018	26.1	651.9	7.0	8.5	8.9
2019	31.3	823.6	8.5	9.6	8.1
2020	38.4	905.9	7.7	6.6	4.0
2021	34.5	1038.8	9.7	12.0	7.3
2022	33.4	1173.5	8.6	8.1	4.3

资料来源：2017~2021 年麒麟区、曲靖市、云南省统计年鉴，2021~2022 年《麒麟区国民经济和社会发展统计公报》《曲靖市国民经济和社会发展统计公报》《云南省国民经济和社会发展统计公报》。

2017 年，麒麟区三次产业结构比为 4：51.6：44.4，2022 年该值为 3.51：48.49：48.0，其间第一产业比重在波动中下降，第二产业比重先下降后上升，第三产业比重先上升后下降。相比 2020 年，2022 年第一产业占比在缓慢下降，第二产业和第三产业有所上升，分别提高了 0.54 个百分点和 0.15 个百分点（见图 1-1）。麒麟区三次产业结构在调整中不断优化，总体呈现出了“二、一、三”结构向“二、三、一”结构转换，再向“三、二、一”结构发展的演变趋势。中国经济发展进入新时代，产业结构进一步转型升级，麒麟区也紧跟全国经济发展步伐，实现了第一产业比重下降。因麒麟区第一产业比重很低，加上由于乡村振兴战略的实施以及农产品价格攀升，该产业下降幅度较小；在新一代科技与产业变革、创新驱动发展、“碳达峰、碳中和”目标硬约束等背景下，中国工业创新发展能力大幅提升，高端发展态势逐步显现，绿色发展水平迈上新台阶，第二产业比重已经下降至 50%以下，麒麟区该值也下降至 50%以下；在产业转型升级、新型城镇化和居民消费品质升级等背景下，麒麟区服务业发展迎来了新机遇，在经济发展中的地位进一步凸显。

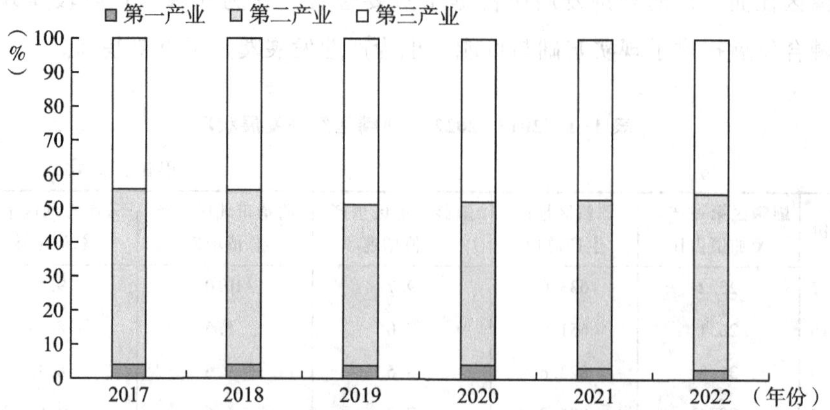

图 1-1　2017～2022 年麒麟区三次产业占比情况

资料来源：2017～2020 年《麒麟区年鉴》，2021～2022 年《麒麟区国民经济和社会发展统计公报》。

从第一产业增加值情况看，2017～2020 年，第一产业增加值不断增长，与麒麟区地区生产总值增长幅度基本保持一致。2021 年之后第一产业的增加值相比 2020 年有所下降。这在一定程度上佐证了当前麒麟区城乡融合发展取得了不错的成效。

二　收入与就业状况

（一）收入发展状况

2017～2022 年，麒麟区农村和城镇居民人均可支配收入得到了显著提高（见表 1-2），相比 2017 年，2022 年农村和城镇居民人均可支配收入分别增加了 8283 元和 12903 元，城镇居民人均可支配收入提升的速度快于农村居民。2022 年，曲靖市城镇居民人均可支配收入 43612 元，农村居民人均可支配收入 17502 元，麒麟区上述两个值均高于曲靖市。麒麟区城乡居民人均收入二元对比系数呈现上升趋势，说明城乡居民人均收入绝对值差距在不断扩大。2017 年城乡居民人均收入二元对比系数为 0. 4293，2022 年该值为 0. 4863。城镇居民比农村居民有更多的社会保障选择权，如果把城镇居民每年享受的各种隐性福利加以考虑，实际上的城乡居民收入差距将更大。不难看出，无论是名义上还是实际上，农村居民收入都远远低于城镇居民收入，麒麟区城乡居民人均收入差距依然十分明显。在这一背景下，推动城乡融合发展需要考虑更多因素，更需要切实提升融合水平，缩小城乡之间的差距。

表 1-2　2017~2022 年麒麟区农村和城镇居民人均可支配收入情况

年份	农村居民人均可支配收入（元）	城镇居民人均可支配收入（元）	人均收入二元对比系数（农村居民人均可支配收入除以城镇居民人均可支配收入）
2017	15125	35234	0.4293
2018	16486	37947	0.4344
2019	18250	41210	0.4429
2020	19728	42652	0.4625
2021	21918	46917	0.4672
2022	23408	48137	0.4863

资料来源：2017~2021 年《麒麟区年鉴》、2021~2022 年《麒麟区国民经济和社会发展统计公报》。

（二）就业发展状况

麒麟区牢固树立“乡村要振兴，人才必振兴”的发展理念，抓住乡村人才“引、育、留”关键点，多措并举，持续发力，以人才培养为动力，推动高质量就业目标的实现。以深化供给侧结构性改革为主线，统筹协调产业政策与就业政策，带动就业岗位增加，稳定就业局势，实现了经济增长与促进就业的良性互动。同时，麒麟区鼓励发展劳动密集型产业、服务业，扶持中小企业，大力鼓励、支持、引导非公有制经济发展，增加了就业岗位，拓宽了就业渠道。而且，麒麟区在加大创业贴息贷款推进力度、开展创业培训、改善创业环境、完善创业服务体系、着力推进创业带动就业的同时，还鼓励创业者吸纳各类人员就业，做好高校毕业生、就业困难人员、城镇失业人员、农村贫困劳动力，尤其是“零就业家庭”人员就业工作。不仅如此，麒麟区还引导城乡未就业人员提高技能和素质，提升就业质量和就业水平，推进了素质就业，缓解了就业压力。最后，麒麟区通过多层次多渠道促进贫困劳动力多形式就业，努力实现了“培训一人，就业一人，脱贫一户”目标。2017 年，麒麟区职工年平均工资为 60664 元，登记失业率为 2.7%；2021 年，麒麟区职工年平均工资为 69631 元，登记失业率为3.9%（见表1-3）。虽然2020年麒麟区的登记失业率大幅上升，但经过政府的宏观调控与市场的良性运转后，2021年就业状况明显向好。

表1-3 2017~2021年麒麟区职工年平均工资与登记失业率

单位：万人，%

类别	2017年	2018年	2019年	2020年	2021年
职工年平均工资	60664	72199	62691	66425	69631
登记失业率	2.7	2.6	2.59	4.67	3.9

资料来源：2017~2021年《麒麟区年鉴》、2021~2022年《麒麟区国民经济和社会发展统计公报》。

三 教育、医疗与公共卫生状况

（一）教育发展状况

根据麒麟区第七次全国人口普查主要数据公报，麒麟区人口受教育水平稳步提升，每10万人中拥有大学（大专及以上）文化程度人数和每10万人中拥有高中（含中专）文化程度人数稳步上升，与第六次全国人口普查时相比分别增加了9948人和1534人，每10万人中拥有初中文化程度人数和每10万人中拥有小学文化程度人数持续下降，相比第六次全国人口普查时分别减少了4261人和8179人。受教育水平稳步提升，2021年麒麟区普通高等学校在校学生数和中等专业学校在校学生数分别为40919人和67324人（见表1-4），相比2017年分别增加7106人和11689人，相比2020年分别增长13.4%和16.1%。

表1-4 2017~2021年麒麟区普通高等学校、中等专业学校在校学生数

单位：人

年份	普通高等学校在校学生数	中等专业学校在校学生数
2017	33813	55635
2018	59584	57819
2019	34239	59668
2020	36085	57972
2021	40919	67324

资料来源：2017~2021年《麒麟区年鉴》、2021~2022年《麒麟区国民经济和社会发展统计公报》。

职业教育是具有跨界性的一种综合教育，是涉及农村“职业域”与“教育域”的结构体系复杂的系统，能够为乡村振兴战略提供可靠支撑。2017年以来，麒麟区深化职业教育产教融合，支持职业教育集团化办学，推动校企合作，不断提升学生职业技能。2020年，麒麟区有中等职业教育学校13所，职业中学数量为全市第一，占全曲靖市的比例超过1/3，麒麟区中等职业教育实现了招生与毕业生“双量”齐升。麒麟区深化区域教育中心建设，推进“补短板、保基本、兜底线、调结构、优布局、提品质、促均衡”七项重点任务，顺利完成“十三五”时期各项目标任务，办学条件持续改善，教育资源总量持续增加，教育教学质量持续攀升，各类教育协调发展。麒麟区在持续扩大招生规模和学校规模的同时，大力提升教学质量，相比2017年，2020年麒麟区主要中等职业院校的生师比大幅度下降，均低于30（见表1-5）。与此同时，麒麟区健全以职业能力为导向、以工作业绩为重点，注重工匠精神和职业道德的技能人才评价体系，加快构建科学化、社会化、市场化的技能人才评价机制。积极推进麒麟区职业教育集团麒麟职业教育集团采取“学校+园区+公司”集团化办学形式，学校负责教育教学，园区负责招商和企业生产，公司负责后勤保障和园区物管，三大实体各负其责。学校教育教学有序开展，园区经济成为当地工业发展新的增长极，公司企业化的运营模式增强集团自我造血功能。

表1-5 2017~2020年麒麟区主要中等职业院校生师比状况

院校名称	2017年		2018年		2019年		2020年	
	教职工人数（人）	生师比	教职工人数（人）	生师比	教职工人数（人）	生师比	教职工人数（人）	生师比
云南省曲靖农业学校	167	47.69	398	21.57	170	53.59	391	22.09
曲靖财经学校	147	23.79	210	18.94	134	31.78	227	20.82
曲靖应用技术学校	127	65.55	368	19.6	132	54.31	372	17.04
曲靖工商学校	9	9	10	10.5	9	21.22	431	21.57

续表

院校名称	2017 年		2018 年		2019 年		2020 年	
	教职工人数（人）	生师比	教职工人数（人）	生师比	教职工人数（人）	生师比	教职工人数（人）	生师比
曲靖市体育运动学校	163	62.97	391	26.26	159	62.65	9	26.67
曲靖市麒麟区职业技术学校	1123	22.71	1183	20.05	1150	17.11	1196	14.05

资料来源：曲靖市麒麟区人民政府地方志办公室编《麒麟区年鉴（2022）》，云南人民出版社，2022。

（二）医疗与公共卫生状况

麒麟区积极推动基本公共卫生服务均等化，做好疾病防控、妇幼保健、家庭医生签约服务和老年健康等各项工作，医疗与公共事业不断发展。截至 2021 年，麒麟区卫生健康局为非农业人口建立纸质档案 437376 份，建档率 82.95%，建立电子建档 435442 份，建档率 82.58%；为农业人口建立纸质档案 201659 份，建档率 95%，建立电子建档 201659 份，建档率 95%①。同时，进一步优化医疗与公共卫生业务流程，提升队伍专业化水平，2017~2020 年麒麟区医疗卫生支出逐年增长，2022 年，麒麟区共有卫生机构 583 个，实有床位 11080 张。2021 年每千人拥有医院床位数为 14.0 张，每千人拥有卫生技术人员 12.1 人，相比于 2017 年分别增加了 10.42 张和 3.2 人（见表 1-6）。

表 1-6　2017~2022 年麒麟区医疗与公共卫生事业发展状况

年份	每千人拥有医院床位数（张）	每千人拥有卫生技术人员（人）	卫生机构数（个）	卫生机构床位数（张）	医疗卫生支出（万元）
2017	3.58	8.9	444	7856	48830
2018	9.9	12.5	470	8239	52716
2019	10.5	13.4	509	9125	56181
2020	9.2	13.93	541	10154	62171

① 曲靖市麒麟区人民政府地方志办公室编《麒麟区年鉴（2022）》，云南人民出版社，2022。

续表

年份	每千人拥有医院床位数（张）	每千人拥有卫生技术人员（人）	卫生机构数（个）	卫生机构床位数（张）	医疗卫生支出（万元）
2021	14.0	12.1	547	14043	59304
2022			583	11080	

资料来源：2017~2021年《麒麟区年鉴》、2021~2022年《麒麟区国民经济和社会发展统计公报》。

四　文化事业发展与生态状况

（一）文化事业发展状况

麒麟区重视文化事业发展和与文化相关的基础设施建设，积极推动公共文化服务建设、文艺作品创作和文旅产业发展，开展“书香麒麟”“绿色复苏，美好生活”等活动，积极开展潦浒古镇、麒麟水乡、涌泉红色旅游等文化景点建设，促进文旅融合发展。2017~2022年麒麟区文化体育与传媒支出整体呈现增长趋势，2022年达到3213万元，相比2017年，2022年文化体育与传媒支出增加1003万元。截至2021年，麒麟区成功创建省级旅游名镇3个，省级旅游名村4个，拥有国家级文物保护单位4个，省级文物保护单位1个，市级文物保护单位7个，区级文物保护单位37个，不可移动文物119处，可移动文物329件，已申报非遗保护项目33个（省级2个），有省、市、区级传承人39人（省级8人）[①]。

同时，麒麟区积极发展公共文化服务事业，基层文化站肩负着宣传党和国家路线方针政策及先进文化的重任，是基层群众进行文化沟通交流的重要场所，对于传承地域特色文化有着积极的作用，是弘扬传承民族文化的重要手段。公共图书馆是帮助人们获得知识、搜集文献资料、阅读图书的公益类型机构，是推进我国文化建设，提升人民文化水平和国民素质的重要机构，对于传承、传播优秀民族文化有重要意义。2017~2022年，麒麟区广播人口覆盖率和电视人口覆盖率均持续保持在99%及以上（见表1-7），其

① 曲靖市麒麟区人民政府地方志办公室编《麒麟区年鉴（2022）》，云南人民出版社，2022。

中除2019年、2020年均为99%外，其余年份均为100%，公共图书馆数量也始终维持在3个，这极大地推动了麒麟区公共文化服务建设，截至2021年，麒麟区共建成14个乡镇（街道）综合文化站、134个村（社区）综合文化服务中心，站、中心内部基础设施完善。现有村小组文化活动室329个，文体小广场636个，农村文化户（文化联合体）1132户①。

表1-7　2017~2022年麒麟区文化事业发展状况

类别	2017年	2018年	2019年	2020年	2021年	2022年
艺术表演团体（个）	2	2	1	1	1	1
公共图书馆（个）	3	3	3	3	3	3
广播人口覆盖率（%）	100	100	99	99	100	100
电视人口覆盖率（%）	100	100	99	99	100	100
文化体育与传媒支出（万元）	2210	2992.4	2387	2052	3195	3213

资料来源：2017~2022年《麒麟区国民经济和社会发展统计公报》。

（二）生态状况

曲靖市麒麟区常年平均气温在19摄氏度左右，年平均降雨量超过800毫米，年平均日照在2000个小时左右，在气候上属于亚热带半湿润山地季风气候。在地形地势上麒麟区的东部和西部多为山地、中部为平坝，东西部高、中部低。区境内的主要河流是珠江上游的南盘江，纵贯了麒麟区南北，境内流长56.7千米，除此之外还有位于东部的两条河流——龙潭河（境内流长28.4千米）和转长河（境内流长31千米），位于西部的两条江——白石江（境内流长31千米）和潇湘江（境内流长46.7千米），均属于珠江水系。在自然资源上，麒麟区的矿产资源非常丰富，有煤、磷、铁、瓷土、石膏等。

图1-2为2017~2021年麒麟区森林面积和森林覆盖率变化情况，2017~2018年、2019~2020年森林面积与森林覆盖率基本未变化，但是2018~2019年、2020~2021年麒麟区森林面积与森林覆盖率均明显上升。

① 曲靖市麒麟区人民政府地方志办公室编《麒麟区年鉴（2022）》，云南人民出版社，2022。

2021年，麒麟区的森林面积已经达到7.41万公顷，森林覆盖率已经达到48.7%，麒麟区的生态振兴工作成效显著。

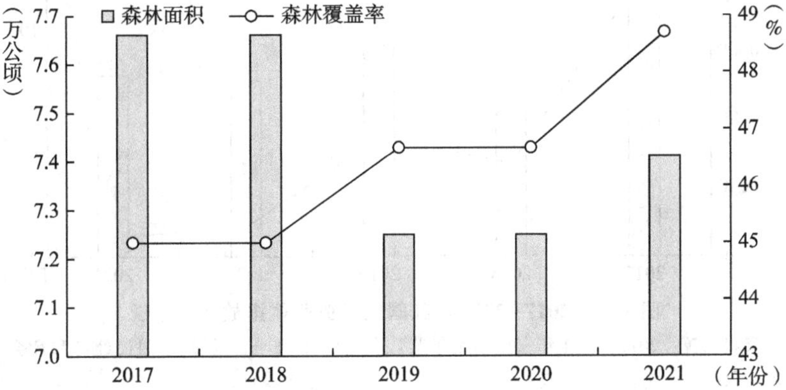

图1-2　2017~2021年麒麟区森林面积和森林覆盖率变化情况

资料来源：2017~2021年《麒麟区年鉴》、2021~2022年《麒麟区国民经济和社会发展统计公报》。

表1-8反映了2017~2021年麒麟区城市建设绿地面积和公共绿地面积变化情况。其中城市建设绿地面积自2017年有记录以来整体呈增长趋势，2019年和2020年面积增加明显。

表1-8　2017~2021年麒麟区城市建设绿地面积和公共绿地面积变化情况

单位：公顷

类别	2017年	2018年	2019年	2020年	2021年
城市建设绿地面积	1962.8	1962.8	2858.6	3629.2	3629.2
公共绿地面积	660				

资料来源：2017~2021年《麒麟区年鉴》、2021~2022年《麒麟区国民经济和社会发展统计公报》。

2017~2021年，麒麟区工业二氧化硫排放量从2017年的9497.06吨下降到2021年的5316.3吨；氨氮排放量从2017年的12.36吨下降到2021年的0.868吨。整体上工业气体排放量有所下降，得到了有效管控（见图1-3）。

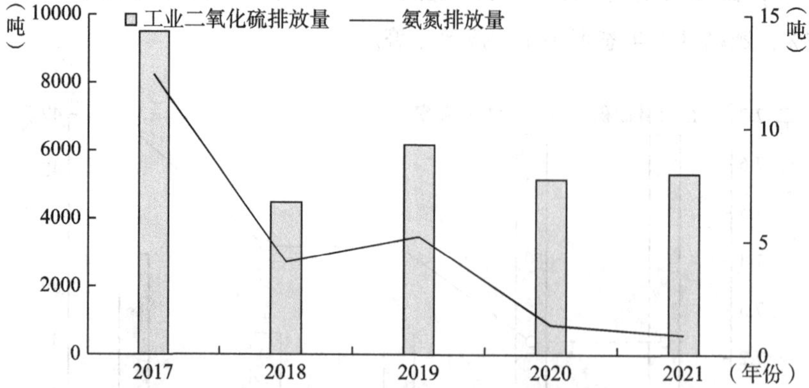

图 1-3　2017~2021 年麒麟区工业气体排放变化情况

资料来源：2017~2021 年《麒麟区年鉴》、2021~2022 年《麒麟区国民经济和社会发展统计公报》。

2017~2021 年，麒麟区工业废水及 COD 排放发生了较大幅度的变化。工业废水排放量从 98.45 万吨先是上升到 2019 年的 295.27 万吨，接着下降到 2020 年的 115.66 万吨，2021 年又上升到 147.67 万吨。工业 COD 排放量从 2017 年的 236.25 吨下降到 2021 年的 22.72 吨，这表明麒麟区对工业 COD 排放的整改力度大，整改效果显著（见表 1-9）。

表 1-9　2017~2021 年麒麟区工业废水及工业 COD 排放变化情况

类别	2017 年	2018 年	2019 年	2020 年	2021 年
工业废水排放量（万吨）	98.45	24.37	295.27	115.66	147.67
工业 COD 排放量（吨）	236.25	103.62	179.46	31.6	22.72

资料来源：2017~2021 年《麒麟区年鉴》、2021~2022 年《麒麟区国民经济和社会发展统计公报》。

五　城镇化发展状况

在城乡融合发展水平指标中，直接指标一般用城镇化率来衡量。从图 1-4 可知，麒麟区城乡融合发展水平高于曲靖市和云南省，这是由于该区的区位优势。麒麟区是曲靖市主城区，是曲靖市委、市政府所在地，得天独厚的优势使其城镇化率高于曲靖市，也高于全省平均水平，2022 年分别高出了全市、全省 27.87 个百分点和 26.71 个百分点。同时从麒麟区城镇化率动态变化趋势看，其城乡融合发展水平整体呈增长趋势。2017~2022 年，麒麟区城镇化率增长了 10.42 个百分点，其中 2019~2020 年增幅最为明显，增长了 10.36 个百分点，表明在 2019 年决胜全面建成小康社会关键之年，麒麟区在带动乡村农民持续增收、农村地区发展上取得了阶段性的胜利与突出成果。

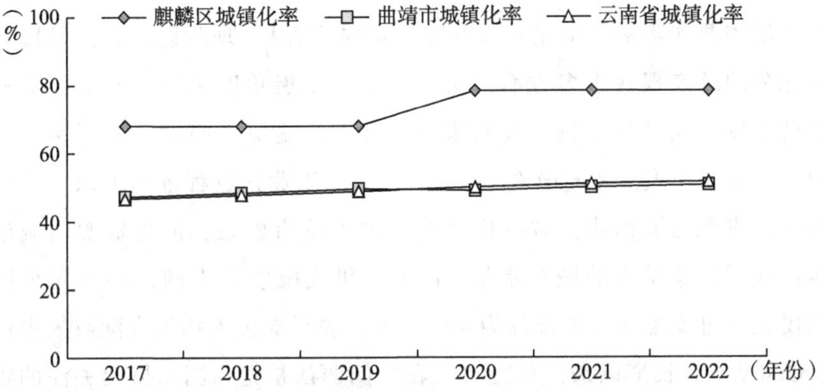

图 1-4　2017~2022 年麒麟区城镇化率变化趋势

资料来源：2017~2021 年《麒麟区年鉴》、2021~2022 年《麒麟区国民经济和社会发展统计公报》。

第二章　城乡融合互构式发展统筹产业振兴

党的十九大报告指出，我国社会主要矛盾已经转化为人民日益增长的美好生活需要和不平衡不充分的发展之间的矛盾①。现阶段，我国发展不平衡不充分问题表现在很多方面，从城乡区域发展角度来看，不平衡不充分发展就是城乡在经济建设、公共服务、基础设施等方面发展不平衡，以及农村相对于城市发展不充分②。这是因为我国工业化进程推动了以人口向城市集中为表现的城镇化，城镇化虽然促进了城市繁荣，但是资源向城市聚集也造成了日益扩大的城乡差距。以人均可支配收入为例，2020 年全国城镇居民人均可支配收入中位数为 40378 元，农村居民人均可支配收入中位数为 15204 元③。长期以来，解决“三农”问题都是党和国家持续关注的重要问题。从党的十六大提出统筹城乡发展战略，到党的十九大提出按照产业发展、生态宜居、乡风文明、治理有效、生活富裕的总要求，建立健全城乡融合发展体制机制，实施乡村振兴战略，可见党和国家为实现城乡协调发展进行了一系列理论创新和实践探索。习近平总书记强调，要推动乡村产业振兴，紧紧围绕发展现代农业，围绕农村一二三产业融合发展，构建乡村产业体系④。党的二十大报告进一步提出“坚持以推动高质量发展为主题，……加快建设现代化经济体系，着力提高全要素生产率，着力提升产业链供应链韧性和安全水平，着力推进城乡融合和区域协调发展，推动经

---

① 习近平：《决胜全面建成小康社会　夺取新时代中国特色社会主义伟大胜利——在中国共产党第十九次全国代表大会上的报告》，人民出版社，2017，第 14 页。

② 罗志刚：《中国城乡社会协同治理的逻辑进路》，《江汉论坛》2018 年第 2 期，第 74~79 页。

③ 根据《中国统计年鉴 2021》计算得出，http://www.stats.gov.cn/sj/ndsj/2021/indexch.htm。

④ 习近平：《论“三农”工作》，中央文献出版社，2022，第 268 页。

济实现质的有效提升和量的合理增长"①。

可见，城乡融合对于我国实现经济体系现代化和提升农民生活水平具有重要作用，而乡村振兴的主要内容之一就是加快推进农业农村现代化，二者之间在本质上是有联系的，都是为加快实现中国式现代化服务，同时也都是改善农民生活、提升农村可持续发展的重要抓手。另外，产业振兴是乡村振兴的重中之重，乡村要振兴产业必然要振兴，城乡融合和产业振兴是互构式发展关系，即城乡融合发展带动产业振兴，产业振兴加快城乡融合发展的进程。在中共中央、国务院提出要深刻认识并建立健全城乡融合发展体制机制背景下，麒麟区利用现有资源，抓住发展机遇直面挑战，促进农村产业发展。基于此，本章将着力讨论麒麟区在现有发展背景下，城乡融合和产业发展二者是怎样实现互构式发展的，在了解二者目前发展现状的基础上进一步总结存在的问题，以期为二者融合发展提出可行性建议。

第一节　城乡融合发展视角下麒麟区产业发展状况

在当前"城乡中国"发展阶段，城乡融合是乡村产业发展的时代背景，探索乡村产业发展的新方向，绕不开城乡融合发展视角②。同理，在探讨麒麟区产业发展时也需要结合城乡融合发展进行讨论，而城乡融合发展需要一定的条件，因此应充分认识麒麟区的发展基础和发展条件，为积极建设新型城乡关系、积极推动农业农村现代化发展发力助力。

一　产业发展现状

产业兴旺是乡村振兴的重点，是解决农村发展问题的前提。乡村产业内涵丰富、类型多样，是发展农业、繁荣农村、富裕农民的重要产业。近

① 习近平：《高举中国特色社会主义伟大旗帜　为全面建设社会主义现代化国家而团结奋斗——在中国共产党第二十次全国代表大会上的报告》，人民出版社，2022，第28~29页。

② 刘合光：《城乡融合发展视域下的乡村产业发展新方向》，《人民论坛·学术前沿》2022年第15期，第62~68页。

年来，农村创新创业环境不断改善，新产业新业态大量涌现，乡村产业发展取得了积极成效。麒麟区产业结构调整以发展优质农产品为重点，在稳定粮食生产的前提下，不断缩减传统农业种植规模，加快外销蔬菜、优质蚕桑、时鲜水果（葡萄、蓝莓等）、花卉、绿化苗木和中药材等优势经作产业基地建设步伐，不断发展壮大优势产业，促进农业产业结构优化升级。

（一）农业发展效益

2010~2022年，麒麟区农业发展取得了不错的发展成效。首先，从农林牧渔业总产值来看，2010年农林牧渔业总产值为27.1亿元，2022年为54.7亿元，12年间增加了27.6亿元（见图2-1），产值翻了一倍多，2020年该值达到了峰值，为63.4亿元，随后两年开始缓慢下降，到2022年，已经减少了8.7亿元。2010年畜牧业总产值为14.2亿元，2022年增加至27.8亿元，12年间增加了13.6亿元，峰值为36.1亿元（2020年）。

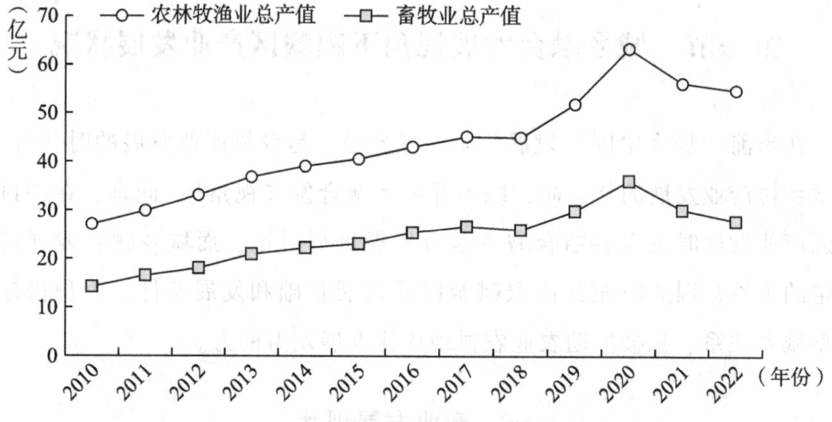

图2-1　2010~2022年麒麟区农林牧渔业总产值和畜牧业总产值

资料来源：2010~2021年《麒麟区年鉴》、2021~2022年《麒麟区国民经济和社会发展统计公报》。

从粮食总产量和经济作物总产值可以看出，2010~2022年麒麟区农业发展取得了不错的成果，粮食总产量从2010年的1.81亿千克上升至2022年的2.41亿千克，12年增加了0.6亿千克（见图2-2）。综上可见，麒麟区农业发展从各方面均取得了明显成效，为现代农业产业发展奠定了坚实基础。

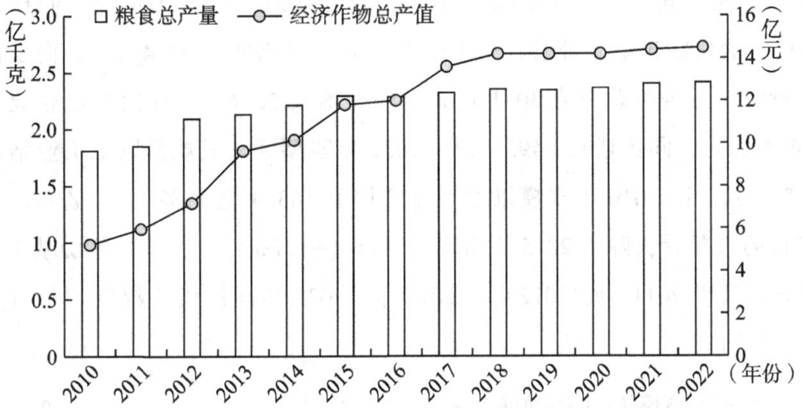

图 2-2　2010～2022 年麒麟区粮食总产量和经济作物总产值

资料来源：2010～2021 年《麒麟区年鉴》、2021～2022 年《麒麟区国民经济和社会发展统计公报》。

（二）工业发展情况

在城乡融合中，城市地区的工业发展吸引大量农村剩余劳动力转移至城市。麒麟区的优势在于其农村人口数量远少于城市人口，而且交通较为便捷，便于区内、跨区甚至跨省的人口流动。把握麒麟区工业发展情况，对于城乡融合互构式带动产业发展具有重要意义。从 2010～2022 年麒麟区工业地区生产总值可看出，该值整体呈增加趋势，其间增加了 283 亿元，增加了 1.73 倍，2019～2020 年增加了 35.65 亿元，2020～2021 年增加了 62.06 亿元，2021～2022 年增加了 78.28 亿元（见表 2-1）。可见，麒麟区的工业发展取得了不错的成效。这和当前城乡发展趋势一致，2020 年麒麟区城镇化率超过了 75%，城乡发展进入了新的阶段。

表 2-1　2010～2022 年麒麟区工业地区生产总值

单位：亿元

类别	2010 年	2012 年	2015 年	2017 年	2019 年	2020 年	2021 年	2022 年
工业	163.40	230.90	205.53	236.85	270.41	306.06	368.12	446.40

资料来源：2010～2020 年《麒麟年鉴》、2021～2022 年《麒麟区国民经济和社会发展统计公报》。

2022 年，麒麟区完成规模以上工业总产值 417.5 亿元，同比下降 14%，增加值 182.5 亿元，同比增长 1.5%。从经济类型看，国有工业企业总产值 9.3 亿元，同比下降 18.9%；集体工业企业总产值 0.1 亿元，同比下降 68.5%；股份制工业企业总产值 978.8 亿元，同比增长 31.4%；外商及港澳台商投资工业企业总产值 30.1 亿元，同比增长 22.6%；其他工业企业总产值 56.4 亿元，同比增长 549.3%①。2022 年麒麟区完成规模以上工业增加值 182.5 亿元，比 2010 年规模以上工业增加值 163.4 亿元多 19.1 亿元。从同比增长的情况看，除了 2015 年出现负增长（-1.7%）外，其余年份基本保持正增长，其中 2011 年、2012 年、2013 年、2020 年同比增长幅度均超过 10%（见图 2-3）。

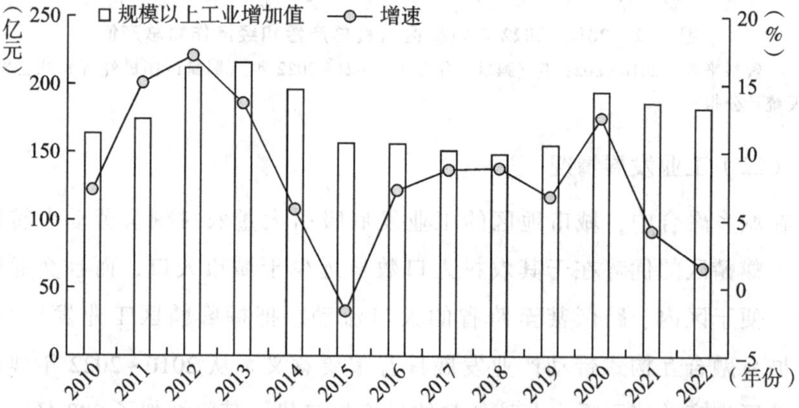

图 2-3　2010~2022 年麒麟区规模以上工业增加值及其增速

资料来源：2010~2020 年《麒麟年鉴》、2021~2022 年《麒麟区国民经济和社会发展统计公报》。

（三）第三产业发展情况

2022 年麒麟区第三产业完成增加值 534.4 亿元，同比增长 4.2%，对经济增长贡献率为 23.91%，拉动 GDP 增长 2.06 个百分点②。这里进一步了解各细分领域的情况。与 2010 年相比，2022 年各细分领域的地区生产总值均

① 《麒麟区 2022 年国民经济和社会发展统计公报》，https://www.ql.gov.cn/news/detail/bmxx/54549.html。

② 《麒麟区 2022 年国民经济和社会发展统计公报》，https://www.ql.gov.cn/news/detail/bmxx/54549.html。

显著增加，其中批发和零售业、非营利性服务业增加幅度最大，分别增加了 140.42 亿元和 97.22 亿元，增加幅度比较小的是住宿和餐饮业还有交通运输、仓储及邮政业，分别增加了 15.49 亿元和 18.95 亿元。静态来看，2022 年批发和零售业、非营利性服务业的地区生产总值较高，分别达到了 181.10 亿元和 119.80 亿元，远高于其他几类（见表 2-2）。

表 2-2　2010~2022 年第三产业各类别地区生产总值完成情况统计

单位：亿元

类别	2010 年	2012 年	2015 年	2017 年	2019 年	2020 年	2021 年	2022 年
交通运输、仓储及邮政业	7.55	9.70	7.98	9.23	19.89	19.59	23.83	26.50
批发和零售业	40.68	52.16	99.87	110.39	131.70	141.64	164.51	181.10
住宿和餐饮业	3.71	5.09	8.76	10.24	13.96	13.32	15.80	19.20
金融业	15.99	21.14	34.40	35.95	40.37	44.93	46.32	49.20
房地产业	3.68	4.54	4.68	5.44	51.25	55.11	60.78	58.60
营利性服务业	13.18	17.44	26.54	36.55	49.88	66.91	71.94	79.60
非营利性服务业	22.58	32.13	58.77	73.02	95.43	91.38	107.24	119.80

资料来源：2010~2020 年《麒麟区年鉴》、2021~2022 年《麒麟区国民经济和社会发展统计公报》。

二　产业融合发展现状

随着乡村振兴和新型城镇化建设的深入推进，产业融合在二者发展中的基础性作用越来越明显。加快城乡产业融合，推进产业共荣，有助于建立现代农业产业体系、生产体系和经营体系，有助于激活城乡资本、人才、技术等要素并促进其双向流动。推动城乡共荣各美其美，最大动力在城市，最大潜力在乡村。

（一）农业产业链延伸

农业产业链延伸是目前开展最多的农村产业融合形式，其旨在将农产品更多的增值收益留在农村。麒麟区在城乡融合发展中也贯穿延长农业产业链这一思路。比如，茨营镇以打造高原特色现代农业为目标，不断拓展农业产业链，立足茨营镇产业基础，聚焦蔬菜、蚕桑等产业，着力发展农产品加工业，解决产业链条不够长、产业增值不足的问题。完成产业服务中心和农产品交易中心建设，吸引有实力的企业入驻，开展农产品加工、销售、分拣、配送工作。坚持农业产业与旅游融合、美丽乡村建设与旅游发展融合、自然景观与休闲生态旅游融合。积极推进一产带三产，实现融合发展，进行全域旅游规划，建设精品旅游点、打造民俗风景线、形成全域旅游体。再如，东山镇的克依黑农旅文融合园以乡村旅游品牌建设与农业产业链衔接发展为特色，打造乡村旅游品牌，构建乡村旅游产品体系，延伸农业产业链条，推动融合发展。通过农旅文的融合发展，推动克依黑村农业产业结构调整，从而加快克依黑村乡村振兴进程，实现农民增收致富，加快实现以人为核心的新型城镇化，进一步缩小城乡发展间的差距。

（二）农业功能拓展

农村除拥有农业资源外，也有相应的生态资源、历史文化资源等。可以依托当地资源禀赋，对农业与其他资源进行融合开发。麒麟区在实施乡村振兴的过程中，以文旅融合促进乡村振兴，推动乡村旅游创新。活跃的乡村旅游发展态势，创造了大量就业岗位，带动了农民就业。比如麒麟区沿江街道大龙村毗邻国家4A级旅游景区麒麟水乡，区域内地势平坦，气候宜人，水利资源丰富，地理位置优越，交通较为便利，该村抓住多方优势，以生态为基础、休闲为特色、旅游为支撑，按照“依托资源、突出特色、连片开发”的思路，坚持“市场主导、平等自愿、按股分红”的原则，整合辖区土地、农庄等资产资源，开发建设田园综合体。

（三）新型主体发展

农业经营主体在农业产业链中发挥着重要的作用，是农村产业融合的重要组成部分。推动新型农业经营主体发展，构建不同主体之间的利益联结机制，对于提升农村产业融合水平具有十分重要的意义。农业龙头企业在农业产业化及农村产业融合的过程中发挥着重要作用，是连接农户与农民合作社的重要纽带，也是促进农业现代化发展的重要助推力。2021年，麒麟区培育市级以上龙头企业6家、区级农业龙头企业14家，累计发展农业龙头企业84家，农产品加工企业812家。规范提升农民专业合作社、家庭农场的发展质量，申报省级农民专业合作社 1 个、市级农民专业合作社 3 个、家庭农场 9 个，麒麟区累计有家庭农场 178 个、合作社 303 个。对比 2020 年，区级农业龙头企业增加了 4 家，农民合作社减少了 71 个，家庭农场减少了 180 个[①]。作为农村产业融合中的核心组成部分，农业经营主体也进入了快速发展阶段，呈现多元化发展特点。除龙头企业、农民合作社等传统的经营主体规模外，家庭农场、专业大户等新型农业经营主体也逐渐进入市场的发展中，在推动农村经济发展方面发挥了重要作用。

第二节　麒麟区城乡融合互构式产业发展实践路径

党的二十大报告中指出，全面建设社会主义现代化国家，最艰巨最繁重的任务仍然在农村。对此，应坚持农业农村优先发展，坚持城乡融合发展，畅通城乡要素流动，加快建设农业强国[②]。在乡村振兴战略中，产业振兴居于首要地位，是实现乡村全面振兴的重要基础，是解决农村一切问题的前提[③]。麒麟区始终把乡村振兴作为农村工作的重中之重，全面推进乡村振兴，坚持“守底线、抓发展、促振兴”工作主基调，严格落实乡村振兴责任制，深入推进“一平台三机制”，推动乡村振兴迈出新步伐[④]。麒麟区大力发展乡村产业，产业发展不断取得新成效，为乡村振兴贡献出麒麟方案。

麒麟区城乡融合和产业发展相互促进，城乡融合的发展推动了产业发展，产业发展又推动了城乡融合发展。产业发展从农业现代化推进、产业升级、产业融合和利益主体联结等六大路径着力，助推城乡融合发展（见图 2-4）。另外，转移劳动力、推动人口的城乡流动、招商引资等具体的措施又促进城乡融合持续发展。

---

① 曲靖市麒麟区人民政府地方志办公室编《麒麟区年鉴（2022）》，云南人民出版社，2022。

② 习近平：《高举中国特色社会主义伟大旗帜　为全面建设社会主义现代化国家而团结奋斗——在中国共产党第二十次全国代表大会上的报告》，人民出版社，2022，第 30~31 页。

③ 韩俊：《以习近平总书记“三农”思想为根本遵循实施好乡村振兴战略》，《管理世界》2018 年第 8 期，第 1~10 页。

④ 《政府工作报告（2023 年）》，https://www.ql.gov.cn/index.php/gov/public/detail/zfgzbg/55930.htm。

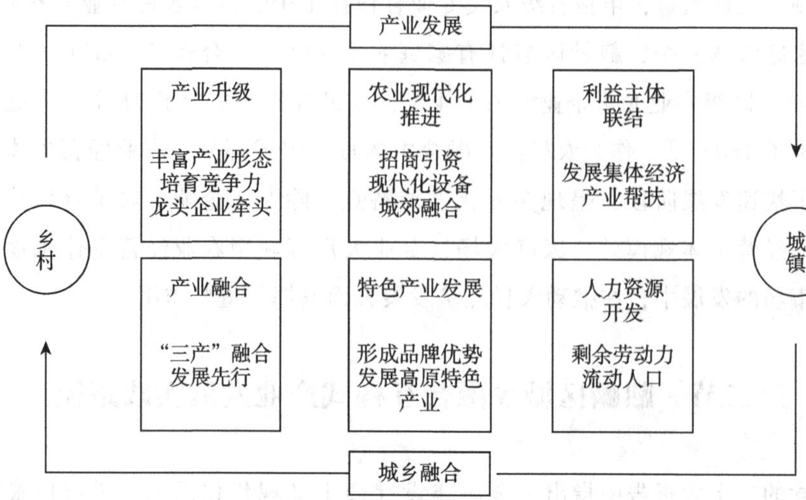

图 2-4　城乡融合互构式产业发展的路径

一　城乡融合推动农业现代化发展

进入新时代以来，我国社会的主要矛盾已经转化为人民日益增长的美好生活需要和不平衡不充分的发展之间的矛盾，而农业和农村发展的滞后，正是这种不平衡的主要体现。对此，党的十九大报告提出，要坚持农业农村优先发展，加快推进农业现代化。通过城乡融合来促进农业现代化，增强农村内生发展动力具有重要的现实意义。麒麟区主要通过以下措施推动农业农村现代化发展。

（一）城镇企业投资加强城乡互动

2022 年，麒麟区新建高标准农田 4.48 万亩，播种粮食 54.25 万亩，建成了 2 个万亩以上现代农业产业园、6 个千亩水果种植基地，恒隆佳宇蓝莓冷链物流分拣中心、蔬菜冷链物流产业园、活禽屠宰加工交易中心等建成投产①。另外，麒麟区农业大镇茨营引入了曲靖市华佳生态桑蚕种养殖有

① 《政府工作报告（2023）》，https://www.ql.gov.cn/index.php/gov/public/detail/zfgzbg/55930.htm。

限公司、曲靖市绿联高新农业有限公司、乐颐（果菜）曲靖有限公司等农业龙头企业。城镇企业推动了农村地区产业发展，推动了城乡要素流动。此外，带动了农民就业，促进农民接触现代化要素，提升了农民的现代性素养。

（二）聚焦农业现代化发展

麒麟区积极响应党中央的号召，采取多样化举措推进农业现代化建设，为农村农业发展注入新的活力。

首先，因地制宜发展特色农业。茨营镇作为麒麟区的农业大镇，因地制宜发挥其生态环境、特色产业、交通区位等优势，围绕农业现代化发展，着力打造成“现代农业强镇”“特色丝绸小镇”，始终坚持提高特色产业与时俱进的能力，提升特色产业竞争力。茨营镇以打造高原特色现代农业为目标，依托全镇山区、半山半坝区、坝区的立体地理特点，已基本形成“东烟南桑、山上鸡鸣牛羊欢、河谷平坝鱼米香、沿河两岸现代农业新景观”的产业发展布局。此外，茨营镇大力打造龙潭河蔬菜产业园区，推动现代化、智慧化蔬菜基地建设。

其次，加快推动农业产业化、集约化、品牌化发展。东山镇按照“一镇一业、一村一品”的产业发展道路，积极探索规模化、集约化、现代化的产业发展道路，为实现乡村产业振兴寻求可行路径。

最后，加快推进农业现代化发展并兼顾发展现代服务业。麒麟区以推进农业供给侧结构性改革为抓手，在加快发展现代农业的同时，兼顾服务业的现代化发展，延长产业链，增强产业发展动能。越州镇利用其特色农产品品牌，推行“大产业+新主体+新平台”模式，全面推进“一村一品”建设，紧紧抓住种子端、电商端这个农业的“头”和“尾”，着力推进农业生产设施化、农业生产过程有机化、农业销售数字化，通过农业现代化提升农业发展能力。

麒麟区聚焦农业现代化，升级农业生产方式及管理方式，结合当地特色，发展具有麒麟特色的现代化农业模式，为实现乡村产业振兴提供了强有力的支撑。

（三）发展城郊经济，助推共同富裕

麒麟区始终坚持发展城郊经济，协同推进共同富裕。沿江街道大龙村地处麒麟区东南部，距麒麟主城区 8 千米，距街道办事处 3.5 千米，毗邻国家 4A 级旅游景区麒麟水乡，区域内地势平坦，气候宜人，水利资源丰富，地理位置优越，交通便利。为此，麒麟区充分发挥麒麟水乡的辐射带动作用，围绕硬化、绿化、美化开展“三化”专项行动，推动大龙村新圩第六、七、八、九组“景村融合发展”，不断拓展发展空间，增强发展后劲。此外，麒麟区通过产业园建设，实现土地流转 3000 余亩，有效带动 5 个居民小组 642 户 2507 人致富，人均增收 3000 元/年，集体经济增长 10 万元/年，辐射带动 1 千米半径范围内的 5000 余人增收致富①。

案例 2-1：

大龙村委会通过整合周边餐饮企业，聚拢分散经营的种植养殖户，规划建设六大产业园区（农业产业园区、田园体验区、休闲娱乐区、田园景观区、特色民俗区和餐饮服务区），吸纳周围的采摘园和蔬菜农场，开发特色旅游项目，同时，将马房农户新村自建房以房屋入股的方式纳入公司统一规划、统一设计、统一管理，形成了游客“游在水乡、住在大龙、吃在龙庄”的旅游格局。通过集体资金、资源的组织化、公司化运作，不断发展壮大村级集体经济，达到了组织出力、合作发力、产业给力、群众受益的效果，从而助推了乡村振兴工作，实现产业兴、农民富、农村美、集体强。

二　推动产业升级，焕发产业活力

麒麟区作为曲靖市政治、经济、文化中心，发展优势突出，产业结构完整，产业基础较为雄厚。在乡村振兴背景下，随着各级政府和社会各界

① 数据来源于调研资料，以下未作特别说明的，均来自地方内部纸质资料或调研资料。

对乡村发展的重视以及社会资本的注入，麒麟区产业得以进一步发展，农业农村发生了翻天覆地的变化，产业形态也改变了以传统农业为主的单一化倾向，村民的身份也由单一的务农者转变为工人、创业者、新农人等。

（一）丰富产业形态，促进农民增收

农业农村发展问题的根本在于农民，只有农民得到发展，农村问题才能得到解决。农民增收既是推进共同富裕取得更为明显的实质性进展的难点所在，也是共同富裕取得根本性推进的关键所在。

麒麟区将产业发展作为巩固脱贫成效的重要抓手，围绕种植业、淡水渔业、蚕桑、畜牧业等重点产业，培育和扶持农产品加工龙头企业及个体工商户，持续丰富产业经营方式和产业形态，积极推动产业的可持续发展。另外，麒麟区不仅积极发展生猪养殖、食用菌种植等传统农业产业还开发高端水果、特种水产等绿色新型产业，不仅促进了当地产业的多元化，还延长了麒麟区农业产业链，且通过引进相关企业进行农产品加工，带动了当地就业。总之，麒麟区通过积极发展新兴业态，培育新型农业主体，促进了农民增收，这是麒麟区实现共同富裕的重要尝试和实践。

（二）提升文化产业竞争力

文化作为重要的软实力，可产生一定的经济效益，成为经济发展的重要支撑。麒麟区将科技嵌入文化产业中，渗透到文化产品创作、生产、传播、消费的各个环节。在传统文化中融入现代化要素，有效推动了传统文化产业的转型升级和新型文化业态的产生，不仅延长了文化产业的产业链，还提升了当地文化的附加值。例如麒麟区对潦浒古镇的开发和建设，是积极推动农旅文融合发展（农业——现代农业+观光体验农业；制造业，包括高端陶瓷创意设计、生产制造、展示销售，陶瓷文化产权交易等全产业链；旅游业，涉及陶瓷文化互动体验、商品购物、养生养老、酒店民宿等）的有效举措。通过保护与开发并重、传承与创新并举的产业发展思路，通过资源联合、项目联建、部门联动、效益联享，聚力加速推进以潦浒大村为核心的区域建设进程，逐步实现从“制造陶瓷”向“文化陶瓷”的华丽转变。2017 年潦浒大村被列为第四批中国传统村落，2018 年潦浒土陶被列入

省级第三批非物质文化遗产名录。

麒麟区紧随时代潮流，把握时代趋势，以创意为指引，以体现时代特征为目标，加强传统文化与现代消费需求的对接，形成了一批符合当下潮流、自带流量具有高辨识度和市场发展潜力的文化IP，培育了一批时尚与传统相结合的新产业新业态，探索了诸多本地特色文化体验空间，实现了传统麒麟文化与时代发展的衔接，增强了文化产业的竞争力以及发展动能，充分挖掘了麒麟区文化的经济潜能。

三　促进产业融合，加快乡村振兴

中共中央、国务院印发的《乡村振兴战略规划（2018—2022年）》明确指出，农村产业融合发展是实现产业兴旺和农村居民生活富裕的有效路径[①]。当前，农村产业融合发展已经成为推动农村生产力发展的重要力量[②]，是现阶段解决“三农”问题的重要途径，也是实现乡村振兴的重要举措。

（一）坚持农业农村优先发展理念

麒麟区将产业融合理念贯彻到产业发展的实践当中，通过产业融合促进产业现代化，促进产业升级，盘活夕阳产业。在实现“三产”融合道路上，麒麟区坚持一个“根本”、两个“目标”、一条“路径”、五种“思路”的战略，以满足人们的基本生活需求为根本，以生产优质、高效农产品为目标，以推动农村一、二、三产业融合发展为路径，按照区域化布局、规模化流转、园区化经营、产业化发展、品牌化营销的思路，加快构建现代农业产业体系、生产体系和经营体系，通过多样化模式实现“三产”融合。东山镇以区域农业、乡村旅游带动农民增收致富，依托克依黑4A级旅游景区，大力发展乡村旅游，重点推出乡村生态游、森林疗养游、科普研学游、乡村美食游、乡村民宿游等特色乡村旅游项目。景区—村—村民—景区循

---

① 《中共中央 国务院印发〈乡村振兴战略规划（2018—2022年）〉》，https://www.gov.cn/zhengce/2018-09/26/content_5325534.htm。

② 涂圣伟：《产业融合促进农民共同富裕：作用机理与政策选择》，《南京农业大学学报》（社会科学版）2022年第1期，第23~31页。

环发展思路促进了第一产业与第三产业的有效衔接与充分融合，各相关主体共同建设生态经济圈。克依黑村旅游业的发展，也带动了观光农业、采摘农业、特色种植业的发展，实现了反哺农业、联农带农，促进农业发展的目标。

麒麟区坚持农业农村优先发展总方针，以实施乡村振兴战略为总抓手，以农业供给侧结构性改革为主线，围绕农村“三产”融合发展，将巩固拓展脱贫攻坚成果同实施乡村振兴战略有效衔接。针对旅游业，麒麟区以融合为路径，形成“商旅文体”融合发展的氛围，充分利用本地优势资源，强化镇村景融合联动，研发更多产业链和旅游路线，形成优势互补、共同发展格局。

（二）产业融合助推城乡发展

农村产业融合就是将农村和第一、二、三产业交叉重组，使其相互渗透，形成新产业、新模式和新功能[①]，麒麟区将产业融合理念嵌入其发展规划中，通过各种举措推进乡村的产业融合，产业融合不仅逐渐成为其产业发展范式，也日益成为其城乡融合的重要推手。

麒麟区根据实际情况，积极推进“三产”融合，利用文化、生态、资源、产业等优势，因地制宜、大胆创新，以实现农村生产、生活、生态“三生”同步，一产、二产、三产“三产”融合，以农业、加工业、旅游业“三位一体”发展为目标，大力打造特色产业，强力推动农村特色产业向纵深发展。依托土地治理项目，夏种水稻、秋种油菜花，逐步打造以“稻香花园”为主题的田园综合体，力促农业生产与生态观光、乡村旅游、民俗文化等的深度融合。

麒麟区以发展特色产业为基础，辐射带动经济发展和人民生活水平提升。本次调研深入考察了麒麟区潇湘街道沙坝村委会升官屯村民小组目前正在打造的项目，该项目通过整合乡村振兴、水务、农业等各块资金修建了观光步道 1.5 千米、观景台 1 座、玫瑰饼加工车间 1 个、农家小院 3 家、

① 焦青霞：《农村产业融合对农村共同富裕的影响效应分析》，《统计与决策》2023 年第 15 期，第 30~34 页。

展示商铺3间等，加快村内道路、墙体文化、绿化美化等基础设施建设，目前已具备一定的硬件条件，依托升官屯花庭忆村集体合作社，利用现有资源联合企业和农户共同发展。该项目主要是围绕玫瑰种植特色产业，推动生产、加工、休闲、旅游、服务等产业实现集聚发展，在发展特色产业的同时，瞄准“周末游”“田园观光”“特色摄影”等，打造短期休闲旅游品牌，吸引城市消费群体走进农村，推动“三产”融合，并逐步辐射带动周边经济发展，促进城乡经济循环。加大对康养休闲、亲子农场、特色民宿、亲子娱乐、林果采摘等体验区的投入和建设力度，突出玫瑰主题，营造“农院花田，共享浪漫”的氛围，形成麒麟区独有的玫瑰主题田园游品牌。在发展的过程中，该项目通过产业协作发展、招商引资等方式，加强基础设施建设，重点培育玫瑰花、藤椒等特色种植产业。提高农村生产经营的组织化、协作化、规模化水平，充分利用农村剩余劳动力，提升农民收入水平，加快各村农户增收致富步伐。

四　多主体利益联结，共享福利

当前，我国农村发展内生动力不足，仅靠农民自身难以实现农村健康长远发展，需要外部力量提供辅助。利益联结机制为农村发展提供了重要契机，多方利益主体联结，可实现互利共赢，共同助力乡村振兴的实现。

（一）积极培育产业龙头企业，推动利益联结

麒麟区重点围绕做大做强特色优势产业，把现有的新型经营主体融合起来，并积极引进培育了一批现代农业产业龙头企业与新农人，有组织地开展技能培训、产销对接等产业帮扶组织化工作，实现“平台联建、资源联合、利益联结”，进一步带动低收入群众增收致富。目前麒麟区有61家企业绑定65个农民专业合作社，65个农民专业合作社联结带动了农户3839户建立“双绑”利益联结机制。通过利益联结，促进当地农户就近就业，推进土地流转，使农户获得稳定收入。

（二）发展村集体经济，促进利益联结

麒麟区各村镇因地制宜，结合自身发展特点和当地优势逐步搭建起了

适合本村镇的利益联结平台。例如，茨营镇坚持“产业发展、群众得利”的原则，通过组织村组干部、党员骨干和驻村工作队员入户宣传，使群众充分认识到土地流转、就近务工产生的经济收益，打消农户“无地可种”的顾虑；随后，通过采用劳务承包、订单生产等村企联建发展模式，实现土地流转金、承包收益金和务工薪金“三金”增长，实现群众在共享中致富，在发展中增收，村集体经济在利益联结中壮大。东山镇推行“党组织+新主体+新业态+群众+村集体经济”利益联结机制，建立农企帮扶共同体、经济共同体、利益共同体，推动实现产业繁荣和农民增收。卑舍村推进“示范基地+市场+消费者”利益联结机制，由示范基地负责收集市场信息、拓展销售渠道，将保底收购的农产品和村级合作社组织生产的农产品输送至消费者手中。三宝街道同样将打造利益联结机制作为产业发展的重要举措，通过土地流转、矿产资源出租、乡村休闲旅游、兴办企业、会务培训等形式，让产业活起来，利益联结起来，民生改善起来，生活富裕起来，村集体经济强起来。薛旗村实施烤烟、花椒、蓝莓等特色种植业和加工业等产业帮扶工程，完善产业扶贫利益联结机制，带动更多低收入人群受益。

（三）推进产业帮扶，激发乡村发展活力

为巩固乡村振兴成果，麒麟区深耕“一平台三机制”，实现农村低收入群体帮扶、产业帮扶、村集体经济带动、培训就业“四个全覆盖”。为防止脱贫人口再度返贫，麒麟区持续推进产业帮扶，激发脱贫人口内生发展动力。健全合作社绑定农户、龙头企业绑定合作社的“双绑”利益联结机制，加大支部领办合作社力度，支持合作社开展信息、技术、产品认证、市场营销、社员培训等服务工作，鼓励其开展标准化生产，建设无公害基地，引进新品种、新技术，促进农业现代化发展。

案例 2-2：

越州镇作为麒麟区实施产业帮扶的典型地区，不断推进乡村特色产业帮扶工程，鼓励引导企业到镇到村建立农产品加工厂，通过建设

“扶贫工厂”“扶贫车间”有效实现产业帮扶，同时鼓励并引导龙头企业、合作社参与产品开发。发展壮大集体经济，投入财政性资金形成集体资产，实现农民经营性收入与财产性收入双增加。尤其通过实施烤烟、花椒、蓝莓等特色种植业和加工业等产业帮扶工程，努力实现每户脱贫户、边缘户都有1～3项产业作为收入来源，具有劳动能力的困难户至少有1个新型经营主体带动。全镇通过产业帮扶，培育壮大了农业经营主体。建立联农带农机制，重点对脱贫人口和监测对象进行带动帮扶。同时，注重发挥农户主体作用，强化依靠辛勤劳动增收致富的理念，不断激发群众内生动力，提高农民自我发展能力。

五　发展特色产业，打造区域优势

乡村振兴的关键是产业振兴，特色产业作为一个地区独特的资源，可以形成极强品牌效应。麒麟区充分利用本区所特有的资源，打造特色产业并运用区域优势，形成具有“麒麟特色”的品牌效应，赋能产业振兴。

（一）积极发展高原特色农业

农业方面，麒麟区坚持以农业特色区块打造带动全域农业规模化、集约化、高效化发展，推动蔬菜产业带、水果连片基地、农业产业园、生猪肉牛养殖等农业产业发展。麒麟区充分利用无法外出务工且有一技之长的女性人力资源，通过制定“巧媳妇+”品牌发展计划，创建“巧媳妇+蚕丝加工”“巧媳妇+民族特色刺绣”“巧媳妇+特色农业”“巧媳妇+手工编织”等品牌，推出灯罩、灯盏花手工茶、草编彩桌等“一村一品”系列产品，发展包括丝艺、竹艺、布艺、串珠、钩编、绳艺在内的10余种手工工艺，延伸产业链条，打响产业“特色牌”，推动小产业实现大发展。

案例2-3：

东山镇强调稳步发展高原特色农业，按照“一镇一业”“一村一品”的产业发展思路，积极探索规模化、集约化、现代化的产业发展路子。东山镇的特色优势产业发展迅速，特色产业的发展有效带动了全镇农业多元化、特色化、品牌化发展。茨营镇坚持高端、有机、特色的发展思路，对特色产业投入大量资金，建成大规模特色食用菌（姬松茸、羊肚菌）生产基地，形成了以“茨营龙潭河”“茨营河”为代表的高原有机特色蔬菜品牌，打造出“女博士”草莓、猕猴桃等特色水果品牌。茨营镇着力打造的特色现代化产业，“一带、两园、三化、四最”的高原特色农业格局，既释放了产业活力，也增加了产品附加值。

（二）以创意文化为引擎打造文旅特色名片

麒麟区持续加快推进文化旅游产业融合，打造集休闲、旅游、康养、餐饮、电商等于一体的产业体系。完成了潦浒古镇核心区建设工作与加快国家气候生态标志品牌“避暑旅游目的地”的申报工作。深入实施麒麟水乡、东山克依黑2个4A级旅游景区提升改造工程，完成珠街涌泉红色文化特色村打造工程，推动温泉、南部新城、金麟湾、麒麟湖片区开发。积极探索周末休闲、旅居养老、健体康养、文化体验、露营旅游等新型旅游发展模式，大力发展“微旅游”“微度假”等新兴旅游形态，推动文旅产业健康有序发展①。

文化产业方面，麒麟区以本土文化为载体，找准特色资源和核心优势，加强对现存文化资源的宜游化改造，形成文旅特色名片。另外，麒麟区为该地区文化产业赋予时代特征，加强传统文化与现代消费需求的对接，激发特色产业发展活力。

旅游业方面，麒麟区着力发展特色旅游，通过引入和创建一批规模较大、管理规范、效益显著、特色鲜明的休闲农业与乡村旅游示范企业，推动休闲农业与乡村旅游健康有序发展。通过农旅文融合发展示范区建设，

---

① 资料来源：https://www.ql.gov.cn/index.php/gov/public/detail/zfgzbg/55930.htm。

形成一批设施完善、产业兴旺、生态良好、环境优美、魅力独特的宜居宜业宜游乡村，努力形成景村一体化发展格局。

第三节　麒麟区乡村产业发展面临的主要问题

一　农业品牌效应不强，特色优势尚未凸显

（一）农业品牌尚未打响，产品市场竞争力不足

麒麟区优质农产品的品牌知名度、美誉度及市场占有率均不高，农业综合效益和产业竞争力不强。麒麟区累计创建绿色食品品牌203个，而云南名牌农产品仅有4个，云南著名商标只有9个，在全省的占有率较低。区域公共品牌、地理标志产品仍是空白，品牌效益不明显。“一县一业”建设还处于起步阶段（只是特色县，还未创成示范县），“一村一品”发展较为缓慢，对麒麟区农业产业化、品牌化、智慧化发展未产生实质规模化带动效应。

麒麟区农产品的产品策划、包装、宣传、推介等层次不高，市场营销模式相对单一，品牌效应不明显，农产品市场面临较大的竞争压力。

（二）农产品产业发展链不完善、不健全

一是大规模产业和优势产业匮乏。经过多年的发展，一方面麒麟区农产品加工企业数量在增加，但受自然资源和市场变化的影响，“小而散”“档次低”的问题突出，如红酒加工企业原料主要从贵州等地购进，粮油主要加工原料从中原地区、东北地区购进。另一方面受土地等因素制约，除烤烟外，10万亩规模以上的优势农业产业空白，农产品加工原料有限。

二是农产品加工能力弱。适宜加工的初级农产品品种较少，深加工、精加工产业基础相对薄弱，如茧丝绸加工多年停留在蚕茧烘干初级加工；蓝莓等水果以售卖鲜果为主。

三是农业企业融资难。多年来，农产品加工企业融资渠道、融资手段较为单一，企业担保抵押困难，融资难、融资贵制约了企业的进一步发展。

二　产业现代化发展动力不足

（一）融合深度不够，发展受限

麒麟区产业融合发展受耕地“非农化”“非粮化”和麒麟区禁（限）养殖区域划定、饮用水源地划定等政策影响，在发展设施农业、农产品加工、规模化种植养殖、观光休闲农业等方面存在布局和用地困难，“三产”融合受限。另外，麒麟区农业产业结构相对单一，产业规模化、专业化程度较低，农产品精深加工滞后，产业链不长、价值链不高，农产品基本都是“原”字号的，缺乏精深加工，未能充分利用一产带动其他产业的发展。

旅游业方面，虽然麒麟区有较为丰富的旅游资源，但旅游业带动力不强，尚未形成成熟的发展模式，资源优势尚未充分转化为经济发展优势，旅游业发展路径仍需优化。

（二）农业现代化基础设施匮乏

即使农业现代化早已提出，但是我国部分农村地区的农业现代化水平仍然较低。麒麟区农业现代化的发展同样面临众多难题。其中，现代化农业基础设施较为匮乏。由于麒麟区大部分属于山地，地形较为崎岖，很多现代化设施无法发挥作用。另外，麒麟区部分农村居民点分布较为分散，农业现代化基础设施投资成本高，覆盖不够全面。

（三）人力资源缺乏

麒麟区农业农村局人员年龄结构不合理，全局 240 名干部职工中，30 岁以下的仅 3 人，45 岁及以上人员 179 人。基层队伍不稳定，从事农业技术推广的人员不足。另外，麒麟区年轻劳动力大量外流，高素质人才返乡意愿较低，产业现代化发展所需的技能型、知识型人才缺失，制约了麒麟区农村产业现代化与智慧化发展。

（四）产业转型升级优化缓慢

受化工园区、曲靖高新技术产业开发区规划及长江经济带生态环境问题整改涉及合规产能核查等的影响，麒麟区第二产业转型升级推进缓慢，存在产业项目储备不足、要素保障存在短板等问题。

此外，麒麟区的科技创新渠道较为单一，天使基金、创投基金等融资方式较少，对社会资本的吸引力较小，难以吸引规模化的投资，产业升级缺乏资金支持。

第三章　城乡融合协调发展推动人才振兴

乡村振兴战略的提出，是城乡融合的必然结果①，实施乡村振兴战略是新时代中国特色社会主义建设的必然要求，是推动乡村加速发展、协调城乡矛盾、促进城乡均衡发展的基本策略②。推动城乡融合发展，要推动城镇要素和农村要素融合，包括劳动力、资金、土地等要素，形成城市资本、技术、人才对乡村发展的有力支撑③。其中，人才流动至关重要，人才振兴是乡村振兴的关键，乡村振兴战略的全面落实必须将人才置于首要位置，汇聚人才资源。传统观念认为，外出求学就是为远离贫困的乡村、享受富裕的城市生活，农民并不把从事农业生产作为严格意义上的正式职业，社会优秀人才在农村创业难以获得支持④，这也导致了农村人力资本短缺、乡贤群体流失、乡村人才培养机制不健全等问题，这些问题制约了乡村的进一步发展，乡村人力资本短缺、综合素质不高等问题，使得乡村振兴战略各项政策的落实以及各项工作的开展缺少有力的支撑⑤。目前，我国乡村振兴和城乡融合的过程中仍然面临农村人才“失血”形势严峻、农村“输血”的举措不足和农村“造血”功能系统规划缺失⑥三重问题，这导致了城乡人才失衡，进而导致了发展失衡。

① 孔祥智、张效榕：《从城乡一体化到乡村振兴——十八大以来中国城乡关系演变的路径及发展趋势》，《教学与研究》2018 年第 8 期，第 5~14 页。

② 何仁伟：《城乡融合与乡村振兴：理论探讨、机理阐释与实现路径》，《地理研究》2018 年第 11 期，第 2127~2140 页。

③ 李爱民：《我国城乡融合发展的进程、问题与路径》，《宏观经济管理》2019 年第 2 期，第 35~42 页。

④ 王文成：《为乡村振兴提供人才“引擎”》，《人民论坛》2018 年第 30 期，第 70~71 页。

⑤ 罗俊波：《推动乡村振兴需补齐“人才短板”》，《人民论坛》2018 年第 30 期，第 72~73 页。

⑥ 方中华：《乡村振兴如何破解人才瓶颈》，《人民论坛》2019 年第 9 期，第 57 页。

由于中国城乡发展进程长期处于单向变化过程中，即农民普遍从农村向城镇迁移，而城市居民则很少流向农村，这种人口流动的路径直接导致农村在城镇化进程中处于劣势位置①。但是，随着城乡一体化到城乡融合的发展，农业现代化和农村现代化的不断深入推进，越来越需要具有开阔的国际视野、现代化生产经营管理理念、灵敏信息嗅觉、快速市场反应能力的高素质人才②。党的十九届五中全会中提出，“推动形成工农互促、城乡互补、协调发展、共同繁荣的新型工农城乡关系，加快农业农村现代化”。城乡融合发展，人才是关键因素，要创新城乡融合发展思路，畅通城乡人才双向流动通道，全面盘活城乡两端人才资源，带动产业、资本等要素在城乡之间良性循环，为乡村振兴赋能，为构建双循环新格局提供重要支持。

第一节　麒麟区人才发展现状与发展模式

一　各类人才发展现状

2020年，中央一号文件提出了推动人才下乡的政策，并且对各类人才的支持政策进行了详细部署。中共中央办公厅、国务院办公厅印发的《关于加快推进乡村人才振兴的意见》，以及《技能曲靖行动实施意见》《曲靖市新型职业农民评价认定管理办法》《曲靖市关于对具备技能劳动者开展技能等级评价工作的通知》等对促进麒麟区人才振兴具有重要的指导作用，要以识才的慧眼、爱才的诚意、用才的胆识、容才的雅量、聚才的良方，选好人才、育好人才、用好人才，为乡村振兴提供坚实的人才支撑。

麒麟区始终主动融入国家、省、市发展战略，在脱贫攻坚任务圆满完成后，在巩固拓展脱贫攻坚成果同乡村振兴有效衔接中积极谋划、主动作

① 李卓、张森、李轶星、郭占锋：《“乐业”与“安居”：乡村人才振兴的动力机制研究——基于陕西省元村的个案分析》，《中国农业大学学报》（社会科学版）2021年第6期，第56~68页。

② 刘铮、魏传成：《推进乡村全面振兴的重点、难点及对策》，《经济纵横》2021年第10期，第122~128页。

为，立足部门职责，围绕人才引、育、用，以技能人才培养为突破口，深入实施“技能麒麟”行动，着力培育技能大师、乡土工匠等技能人才，以人才振兴赋能乡村振兴。

（一）聚焦人才引进

聚焦重点产业发展、区域教育医疗“两中心”建设、乡村振兴实施等，实施“珠源百人”“三支一扶”“情归麒麟”等引才计划。2022 年，录用公费师范毕业生 30 名，引进教育系统硕士研究生 22 人。共招募“三支一扶”高校毕业生 13 人到基层干事创业，期满考核合格者全部简化程序落实乡镇事业编制。2020 年以来，累计收集麒麟籍在外人才信息 473 条，从辖区致富带头人、高校毕业生、退役军人等群体中，回引农村优秀人才 108 名①。

（二）聚焦人才培育

实施“技能麒麟”行动，大力开展订单、定向、定岗式培训，落实“十个一批”“六个一万”培训计划，突出乡村振兴重点帮扶村和易地扶贫搬迁劳动力，组织开展实用技术和职业技能培训，抓实企业新型学徒制工作。充分利用各种资源，构建乡村人才教育培训体系。实施“麒麟英才”培养计划，每年从麒麟产业领军人才、教学名师、名医、文化名人、技能大师中，专项选树 25 名优秀人才作为培养对象，力争用 5 年左右时间，培养 125 名“麒麟英才”系列人才，助力麒麟经济社会发展。

（三）聚焦人才留用

一是依托曲靖（麒麟）人力资源服务产业园，搭建好人才发展平台，引进了省内外 25 家人力资源服务机构入驻，创造产值 1600 万元。

二是依托技能大师工作室，推进师带徒技艺传承。区内共有 5 个省级技能大师工作室。通过开办技能提升培训班、技能传习精品班，累计培训千余名农村劳动力，培养百余名徒弟，在传承技艺的同时，带动就业创业，共

---

① 《麒麟区 2022 年国民经济和社会发展统计公报》，https://www.ql.gov.cn/news/detail/bmxx/54549.html；曲靖市麒麟区人民政府地方志办公室编《麒麟区年鉴（2022）》，云南人民出版社，2022。

带动发展陶瓷企业48家，培训“土专家”600余人，带动就业2000余人，人均务工收入3.6万元①。

三是依托专家工作站，带动本土人才队伍建设。区内共建立省级专家基层工作站5个，带动相关专业技术领域的人才发展。如“程若川基层专家工作站”“陆声基层专家工作站”带动了区域内医疗水平提升，让老百姓不出曲靖也能享受名医资源。“姬广海基层专家工作站”对麒麟区病虫害防治工作起到了推动作用，培养了一批本土专业人员。

二 人才发展模式

麒麟区在人才发展方面，牢固树立人才是“第一资源”理念，打造人才发展的麒麟模式（见图3-1）。按照事业单位人才提质、增效，技能人才扩容、增量的目标，推动人才总量增多、质量提高，努力让专业技术人才在麒麟创业有机会、创新有条件、干事有平台、发展有空间。

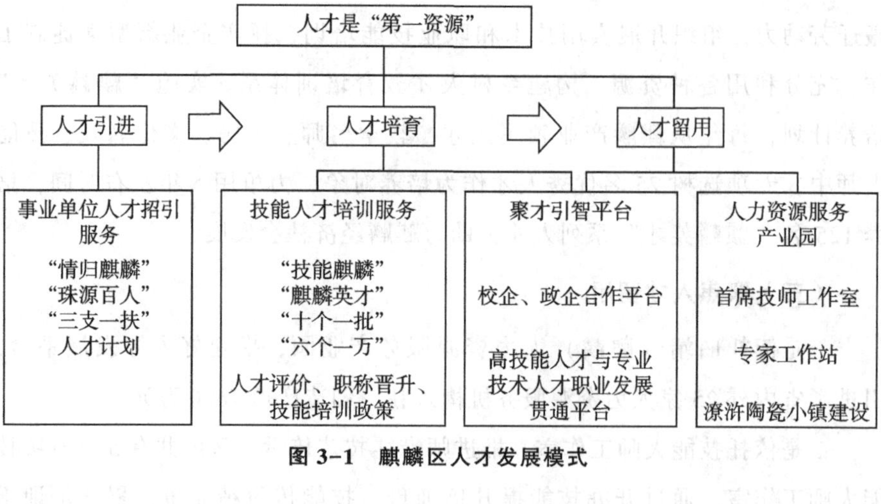

图3-1 麒麟区人才发展模式

① 《麒麟区2022年国民经济和社会发展统计公报》，https://www.ql.gov.cn/news/detail/bmxx/54549.html；曲靖市麒麟区人民政府地方志办公室编《麒麟区年鉴（2022）》，云南人民出版社，2022。

（一）做好两项服务，推进人才增量提质

一是做好事业单位人才招引服务。用好招考、引进、遴选、招募4种渠道，2020年以来，累计招考事业单位人员535人，引进“珠源百人”计划教育专项人才33人，公开遴选事业单位人员30人[①]。

二是做好技能人才培训服务。以“十个一批”为抓手，实施“技能麒麟”行动，开展订单、定向、定岗式培训，多层次培养技能人才。2020~2022年共认定技能人才3.7万人，高技能人才1.1万人。充分利用各种资源，构建乡村人才教育培训体系。到2025年，力争培训19.4万人次以上；争取新培养选拔10名首席技师、15名左右技能工匠、100名左右青年技能人才；通过实施“五个一千”技能专项培养工程，在乡村振兴、文化旅游、经营管理、数字化、电子商务5个方面各培养1000名人才[②]。

（二）搭建三个平台，拓宽人才成长空间

一是搭建聚才引智平台。麒麟区积极申报评审基层专家工作站、有突出贡献人员等，让才有优用。目前，共建成省级专家基层科研工作站5个，有享受国务院、省政府、市政府特殊津贴人才29人，省政府、市政府评定的有突出贡献优秀专业技术人才31人。

二是搭建校企、政企合作平台。定期组织职业技能培训学校开展交流座谈，引导学校依据用人市场需求制定教学计划，按企业需求培养定向人才。建立政府引导、企业主导的培训机制，全面推行新型学徒制。

三是搭建高技能人才与专业技术人才职业发展贯通平台。广泛宣传引导，鼓励支持符合条件的高技能人才申报评审专业技术职称。

（三）借助四项政策，优化人才发展环境

一是借助职称晋升政策。深化专业技术人员职称晋升制度改革，拓宽专业技术人员职称晋升渠道，规范专业职称评审，麒麟区现有评委会13个。

---

① 曲靖市麒麟区人民政府地方志办公室编《麒麟区年鉴（2022）》，云南人民出版社，2022。

② 《麒麟区2022年国民经济和社会发展统计公报》，https://www.ql.gov.cn/news/detail/bmxx/54549.html；曲靖市麒麟区人民政府地方志办公室编《麒麟区年鉴（2022）》，云南人民出版社，2022。

2020~2022年，共评审专业技术初级职称1600余人，评审中级职称1400余人，评审高级职称950余人。完成事业单位职员等级晋升145人，人均月增资335元①。

二是借助技能培训政策。实施职业技能提升行动计划，2020~2022年，参与企业职工技能培训人员达1.23万人次，以工代训670人，培训新型学徒993人，共拨付培训补贴2254.86万元。培训农村劳动力13.4万人次。采取“送出去”与“请进来”培训相结合的方式，2020~2022年累计开展专业技能人才职业资格和专项能力培训10万余人次②。

三是借助人才评价政策。鼓励企业依据评价规范自主开展人才认定，麒麟区现有人才认定机构30家，共认定5万人，合格4.9万人，其中企业自主认定3.4万人③。落实机关事业单位人员等级评定工作，推动事业单位管理岗位职员等级晋升、中高级职称评聘、年度考核“优秀”比例适当向乡镇（街道）倾斜。

四是借助政策合力。积极协调沟通，打通技能人才申报通道，2021~2022年申报技师人员创历史新高，共申报技师226人、高级工117人、中级工82人④，解决了麒麟区机关事业单位工勤人员晋升难问题。

（四）依托五个载体，努力实现人尽其才、才尽其用

一是依托人力资源服务产业园，搭建好人才发展平台。2022年，区委区政府投入5000余万元建成曲靖（麒麟）人力资源服务产业园，已成功引

---

① 《麒麟区2022年国民经济和社会发展统计公报》，https://www.ql.gov.cn/news/detail/bmxx/54549.html；曲靖市麒麟区人民政府地方志办公室编《麒麟区年鉴（2022）》，云南人民出版社，2022。

② 《麒麟区2022年国民经济和社会发展统计公报》，https://www.ql.gov.cn/news/detail/bmxx/54549.html；曲靖市麒麟区人民政府地方志办公室编《麒麟区年鉴（2022）》，云南人民出版社，2022。

③ 《麒麟区2022年国民经济和社会发展统计公报》，https://www.ql.gov.cn/news/detail/bmxx/54549.html；曲靖市麒麟区人民政府地方志办公室编《麒麟区年鉴（2022）》，云南人民出版社，2022。

④ 《麒麟区2022年国民经济和社会发展统计公报》，https://www.ql.gov.cn/news/detail/bmxx/54549.html；曲靖市麒麟区人民政府地方志办公室编《麒麟区年鉴（2022）》，云南人民出版社，2022。

进省内外17家人力资源企业，其中全国百强人力资源服务企业3家①。出台了《关于支持曲靖（麒麟）人力资源服务产业园发展的意见（试行）》，为入驻企业提供财政补贴、财政奖励、人才引进奖励等多方面政策资金支持，产业园已通过市级认定，正积极申报省级产业园。力争用3~5年，把产业园打造成“立足曲靖、服务西南、辐射长珠区域、联通全国”的人力资源培训和转移产业集散地。

二是依托首席技师工作室，推进师带徒技艺传承。在潦浒建立3个首席技师工作室，通过“师带徒”方式培养了40余名陶艺人才，为本地提供就业岗位60余个。

三是依托专家工作站，带动本土人才队伍建设。以5个省级专家基层科研工作站为基础，带动农业、医疗卫生等专业技术领域人才的发展，同时培养一批本土专业技术人员。

四是依托潦浒陶瓷小镇建设，培育陶瓷工匠艺人。建立工匠档案，积极为潦浒陶瓷小镇建设培育技能人才。2022年，承办曲靖市第四届职工综合职业技能大赛陶瓷烧成工、陶瓷成型工、盆景工技能竞赛，破格认定技师3名，高技能人才27名，技能人才590名，15人申报工艺美术系列专业技术职称②。

五是依托乡村振兴，实施“情归麒麟”人才计划。建立麒麟在外务工人才数据库，通过召开座谈会、稳岗慰问等形式，鼓励在外务工人员返乡创业、造福家乡。目前以全国人大代表袁海波等为代表的一批返乡人员已成功创业，并培养带动乡土人才6000余人。打造“麒麟私厨”劳务品牌，培育农业、服务业领域1万余名技能人才。

（五）做好乡村人才服务保障，为乡村人才发展提供良好的环境

麒麟区坚持做好乡村人才分类统计，加强乡村人才工作信息化建设，

① 《麒麟区2022年国民经济和社会发展统计公报》，https://www.ql.gov.cn/news/detail/bmxx/54549.html。

② 《麒麟区2022年国民经济和社会发展统计公报》，https://www.ql.gov.cn/news/detail/bmxx/54549.html。

建立健全区、镇、村三级乡村人才管理网络。同时加强人才管理服务工作，大力发展乡村人才服务业，引导市场主体为乡村人才提供信息、技术等服务。在政策、资金、技术和信息等方面为乡村人才创新创业提供支持，帮助他们解决生产经营生活中遇到的困难和问题，落实乡村人才保障待遇，使他们在政治上受重视、社会上受尊重、经济上得实惠，为乡村振兴发展贡献智慧和力量。

第二节 麒麟区人才参与乡村振兴的多重嵌入

嵌入性概念最早由波兰尼在《大转型》中提出，他认为“理性经济人”假设严重扭曲了经济和社会的关系，导致市场凌驾于社会之上，而市场“内嵌”于社会才是人类历史的本质和普遍规律[①]。格兰诺维特进一步深入阐述，与波兰尼认为的经济嵌入不同，他认为人类几乎所有的行为都嵌入在社会关系网络中，并进一步将“嵌入性”划分为关系嵌入和结构嵌入[②]，随着嵌入性的概念指向从“原子化”（atomized）的“理性人”向“社会人”过渡，嵌入性的概念发展为组织或群体之间相互影响、错综复杂且不可摆脱的关系结构[③]。人才是乡村振兴的一种重要的要素资源，有研究认为不同治理主体的角色差异，使他们在参与乡村振兴过程中所面临的困境、可以发挥作用的空间以及未来存在的状态都存在差异性[④]，在麒麟区人才振兴工作中，人才通过不同的嵌入方式，嵌入组织振兴、文化振兴、生态振兴和产业振兴之中，嵌入乡村振兴的多个面向之中。

① 刘坤、何慧丽：《大学生“回嵌”乡土的困境与对策》，《中国农业教育》2022年第3期，第53~61、71页。

② 廖志辰：《嵌入式治理视角下青年人才参与乡村治理现状分析》，《甘肃农业》2021年第11期，第34~39页。

③ 熊彩：《双重嵌入：一个资本参与乡村振兴的新分析框架》，《学术研究》2022年第8期，第60~65页。

④ 刘志秀：《村人才振兴：内生型与嵌入型主体的治理效能》，《云南行政学院学报》2021年第2期，第68~76页。

一　人才嵌入组织振兴

乡村振兴人才主要分为两大类：第一大类是处于以血缘、亲缘、地缘为基础的关系网中的内生型人才，第二大类是因行政介入或者受市场因素吸引而“下乡”的嵌入型人才。以乡贤为主体的内生型人才和以驻村干部为主体的嵌入型人才成为推动麒麟区组织振兴的重要力量。

（一）乡贤嵌入组织振兴

在第一类人才嵌入组织振兴的过程中，具有责任心和组织能力的乡村能人——乡贤，成为乡村振兴“助力军”。在乡贤推动组织振兴的过程中，麒麟区充分发挥乡贤文化的感召力、亲和力和影响力，吸引在外乡贤归乡创业，培养具有本土文化特色的新乡贤。

积极引导乡贤在产业振兴、组织振兴、文化振兴等方面发挥积极作用，使乡贤群体成为乡村振兴的重要力量。制定资金、技术、信息方面的优惠政策，引导乡贤“反哺农村”。实行一对一精准对接，发挥乡贤在项目引进、资金回流、企业回迁、信息回传、人才回乡等方面的作用。加大对新乡贤的培养和规范引导力度，不断壮大乡贤队伍，使之成为乡村社会治理的“润滑剂”，并成为推动乡村振兴的不竭动力。

（二）驻村干部嵌入组织振兴

麒麟区在第二类人才嵌入组织振兴的过程中，主要以“第一书记”制度和“干部规划家乡行动”等为抓手。通过鼓励年轻干部下沉基层，采取街道跟班锻炼和重点工作压担子相结合方式，激励引导一批年轻干部传好乡村振兴的“接力棒”，着力形成村干部的梯次培养机制。麒麟区做好村庄规划的决策部署，把“干部规划家乡行动”作为抓党建促乡村振兴、推进美丽乡村建设、我为群众办实事、锤炼干部能力作风的重要载体，按照“以点带面、一村一策、示范引领、整体推进”的思路，整合资源，整合力量，扎实推进“干部规划家乡行动”落地见效。

二 人才嵌入产业振兴

（一）培育新型职业农民服务产业振兴

在人才嵌入产业振兴的过程中，麒麟区大力培育家庭农场，引导与推动农民专业合作社规范发展。全面推进新型职业农民培育、农村实用人才和农业科技人才队伍建设，培育更多的生产经营型、专业技能型、社会服务型人才，为实施乡村振兴战略提供人才支撑。按照“挖掘一帮能人、带动一批产业、搞活一片经济”的思路，建立乡土人才库，储备“田秀才”“土专家”，完善人才“选、用、留”工作机制，为田园综合体发展提供人才支撑。

（二）支持和鼓励农业科研人员服务“三农”

麒麟区通过项目带动、团队建设，培养一批农业科技领军人才。鼓励基层专家工作站、农业科技园区、战略性新兴产业企业引进农业科技领军人才。支持涉农院校、科研院所等事业单位专业技术人才到乡村和企业挂职、兼职和离岗创新创业，保障其在职称评定、工资福利、社会保障等方面的权益。认真落实岗位专家制度，推广应用专家们最新的农业研究成果。支持农业科技人员以科研成果入股，享受人才津贴或增值利益。

（三）发挥高层次人才集聚优势助力产业升级

麒麟区抓住曲靖举全市之力创建国家高新技术产业开发区的契机，致力于将高新技术核心区打造成为高新技术产业和高层次人才的集聚区，成为引领麒麟区产业转型升级的核心引擎。深入推进科技体制改革，加大创新平台建设、人才引进培养、高新技术企业培育力度，做好成果转化工作，打造创新发展热土。以“数字产业化、产业数字化”为主线，支持打造“研发+生产+供应链”的数字化产业，形成数字融合型经济增长极，按照培植壮大本地企业、引进一批国内领军企业、扶持一批产业项目、培育一批商务人才的总体思路，推动大数据产业园、5G 基础设施等重点项目建设，助力产业转型升级。

三　人才嵌入生态振兴

为推进生态文明建设，打好污染防治攻坚战，国家高度重视人才队伍建设，成立了人才工作领导小组，印发实施《生态环境保护人才发展中长期规划（2010—2020年）》，出台《环境保护部专业技术领军人才和青年拔尖人才选拔培养办法（试行）》《环境保护部引进高层次专业技术人才实施办法（试行）》《关于加强基层环保人才队伍建设的意见》等政策文件。上述文件推动了人才助力生态振兴。依靠各类生态科技人才，麒麟区开展了农村人居环境整治项目、生活垃圾处理一体化项目和农村厕所革命等，极大地改善了农村的生态环境和人居环境。在推进这些项目的过程中，麒麟区积极组织各类技术专家参与，制定了适宜的技术模式和技术标准规范，同时组织了专题培训，提高基层干部的标准化意识，让人才红利在生态振兴的过程中得到有效的释放。

四　人才嵌入文化振兴

乡村振兴背景下，以文化创意人才为代表的各领域人才的进入，可以为乡村资源利用与经济社会发展提供内生动力①。麒麟区通过改进文化人才管理体制、创新文化人才工作机制、完善文化人才政策，推动文化体制改革和文旅人才队伍全面发展。

（一）建立健全文化行业特殊艺术专业人才保障机制

麒麟区坚持围绕“培养、引进、激励、管理”四个重点环节，全方位、多层面挖掘文化旅游人才资源，推进人才政策和体制机制创新，着力建设一支数量充足、结构合理、素质优良的文化旅游人才队伍。将文化馆、图书馆、文物管理所指导农村文化服务体系工作制度化，加大对乡镇（街道）、村（社区）公共文化服务的指导力度。通过多种方式，助力乡镇（街

① 胡钰、赵平广：《文化、人才、资本：乡村振兴的基本要素研究》，《行政管理改革》2022年第11期，第34~43页。

道)、村（社区）文化管理人员、民间文艺团队提高技能。

（二）充分发挥乡土文艺人才的作用，建立乡土文艺人才库

为了解决基层文化工作人员不足问题，麒麟区不断优化激励措施，吸引有一技之长，热衷于基层文化工作的乡土文艺人才兼职文化辅导员，鼓励文艺人才积极创作精品。认真落实民间艺人的优待措施，经常性组织开展非遗传承人培训和传习展演活动，将麒麟区确比舞、彝绣、制陶、麦秆画等非遗艺术引入“课堂”，通过特色课堂、作品展览、体验传习等活动，推动非遗项目传承与学校教育有机结合。

第三节　麒麟区人才振兴推动城乡融合发展实践

在人才振兴推动城乡融合发展实践方面，麒麟区通过劳务输出、培育新型职业农民和鼓励返乡创业三条路径，推动农业现代化发展，进而推动城乡融合发展（见图 3-2）。长期以来我国形成的城乡二元结构，阻碍了城乡要素充分流动和交换，导致多年以来我国城乡要素配置存在单向流动的特征，具体表现为劳动力、土地、资本等要素整体呈现从乡村到城市的单向输出，城乡要素转化主要依赖于“劳动进城”而不是“资本下乡”①，这

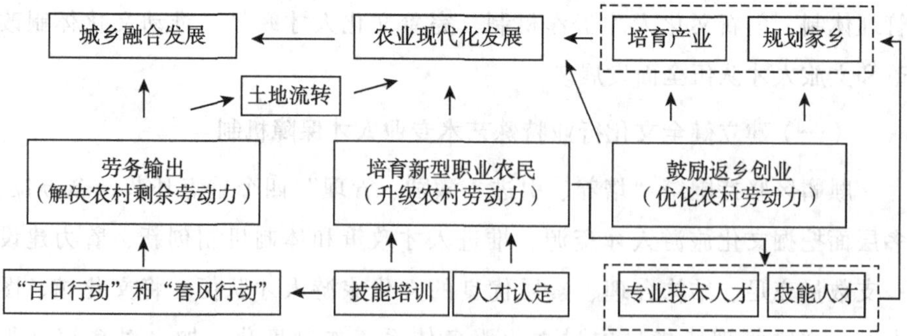

图 3-2　人才振兴推动城乡融合发展的路径

① 马骏：《共同富裕视域下城乡高质量融合发展论析》，《求索》2023 年第 2 期，第 119～129 页。

种情况导致了农村“空心化”和土地闲置化，随着土地流转的开展，农村土地逐渐实现规模化经营，形成了农业现代化的前置条件。农业现代化发展离不开人才、技术、信息的支持，因此需要培育新型职业农民参与农业现代化的发展，同时要鼓励人才返乡创业，引入外部资源，推动城乡要素流动，以乡村振兴为媒介，真正地推动城乡融合发展。

一　推动劳务输出，促进剩余劳动力转移

工业化和技术进步引起的产业结构变化导致农村劳动力发生转移。这种转移对文化传播和资源的有效配置、利用起着重要作用，也是农村现代化的必然选择①。为了进一步拓宽农民的收入来源渠道，一些耕地稀缺，人多地少，产业规模小、带动力弱的脱贫地区往往采取鼓励劳动力外出务工获取更高的非农收入的方式，实现经济水平的提升②。中共中央办公厅、国务院办公厅《关于加快推进乡村人才振兴的意见》中也强调要打造农民工劳务输出品牌。

2022 年，麒麟区系统登记劳动力为 23.43 万人，农村劳动力转移就业 17.37 万人，完成年度目标任务 17.26 万人的 100.64%，其中脱贫劳动力转移就业 6052 人，完成年度目标任务 4200 人的 144.10%，新增农村劳动力转移就业 3999 人，新增脱贫人口劳动力转移就业 204 人③。麒麟区政府通过制定工作实施方案，明确任务目标，形成横向协调、上下联动的服务网络，多点发力、齐头并进的工作格局。在推动劳动力转移的过程中，麒麟区高度重视农村劳动力转移就业工作，认真贯彻落实曲靖市农村劳动力转移工作的相关会议精神，把握农村劳动力转移的窗口期和黄金期，第一时间就麒麟区农村劳动力转移就业工作做了专题研究及周密详细的部署安排，确

① 申培轩：《农村劳动力转移及其对高等教育的需求》，《武汉大学学报》（人文科学版）2004 年第 3 期，第 375~380 页。

② 冯丹萌、万君：《脱贫地区提升县域发展能力的初步思考》，《城市发展研究》2022 年第 5 期，第 37~43 页。

③《麒麟区 2022 年国民经济和社会发展统计公报》，https://www.ql.gov.cn/news/detail/bmxx/54549.html。

保按时按量完成转移目标任务。同时，麒麟区将农村劳动力转移就业任务数具体分解至麒麟区14个乡镇（街道），进一步压实农村劳动力转移就业工作主体责任，全局实职副科级以上领导干部和就业中心工作人员全部包保联系到各乡镇（街道），各乡镇（街道）包保联系到村（社区），村（社区）包保联系到村居（居民）小组，层层压实责任，以区级部门为龙头，以乡镇（街道）为纽带，以村（社区）为基础，以村民（居民）小组为单位，人社、工信、住建、能源、卫健、交通、公安、司法、团区委等各相关部门协同配合。通过在人才市场举办招聘会，到村（社区）摆摊设点开展政策宣传、专场招聘等方式，营造良好的宣传氛围。对于外出务工意愿不强的农村劳动力主动上门做工作，利用传统的“亲带亲、友带友”的方式，加大宣传力度，做到宣传“三到户”。

案例3-1：

袁海波，麒麟区茨营镇团结村人，2018年因在劳务输出工作中的突出表现，当选为十三届全国人大代表。“截至2022年2月23日，今年我已连续7批次，将800多名农村群众输送到福建、浙江、上海、江苏、广东打工。”2月23日，全国人大代表袁海波在接受采访时自豪地说。

麒麟区在推动劳动力转移的同时，注重劳动力技能培训，结合实际，充分利用非农忙季、农民工返乡高峰期及五一、国庆、春节等节假日开展培训；充分结合“春风行动”“百日行动”等，根据转移输出地企业所需工种情况，适时开展培训。截至2022年底，有劳动力和就业意愿的建档立卡“零就业家庭”动态清零，易地搬迁点转移就业408人，其中脱贫劳动力转移就业304人。麒麟区打造了“持久、方便、安全、高效”的就业平台，就业信息准确，形成了“外出务工人员安心、家属放心、用工企业称心”的转移输出就业格局①。

①《麒麟区2022年国民经济和社会发展统计公报》，https://www.ql.gov.cn/news/detail/bmxx/54549.html。

二 培育新型职业农民，加强专业人才队伍建设

乡村振兴需要直面的最大问题是乡村人口的大量流失，尤其是高质量劳动力的流失，因为这会直接导致乡村振兴内生动力不足①。农村专业人才的培养可以推动城乡融合发展的进程，农民通过积极应用相关技术来为农村的发展做出贡献，进一步推动农村经济发展，为社会主义新农村建设提供动力②。2012年，中央一号文件首次提出了“大力培育新型职业农民”，2017年农业部在《“十三五”全国新型职业农民培育发展规划》中提出构建一支有文化、懂技术、善经营、会管理的新型职业农民队伍。2021年中共中央办公厅、国务院办公厅印发《关于加快推进乡村人才振兴的意见》，提出培养一支懂农业、爱农村、爱农民的“三农”工作队伍。这说明大力培育和发展新型职业农民，是提高农业劳动生产率，保障粮食安全，顺应我国农业现代化建设的重要途径③。一般认为，新型职业农民是指具有较高的文化素质、有技术、懂经营、会管理的新一代农民④，主要包括农业生产经营者、专业技能人才和社会服务型人才三类群体，其能够通过市场化的运作来开展农业相关的经营活动⑤。发展现代农业，着眼点是“人”，新型职业农民是发展现代农业的骨干力量，抓住人才，就是抓住了农业现代化的关键⑥，因此需要大力培育新型职业农民，加强专业人才队伍建设。

麒麟区从2014年起实施了“新型职业农民培育工程”（2019年始称高

---

① 石洪斌：《谁来振兴乡村？——乡村振兴人力资源支撑体系的构建》，《治理研究》2019年第6期，第115~121页。

② 井文：《农村专业人才培养的困境及对策研究》，《农业工程技术》2022年第24期，第98~99页。

③ 康静萍、汪阳：《中国新型职业农民短缺及其原因分析——基于安徽省寿县的调查》，《当代经济研究》2015年第4期，第73~81页。

④ 魏学文、刘文烈：《新型职业农民：内涵、特征与培育机制》，《农业经济》2013年第7期，第73~75页。

⑤ 李莹、闫广芬：《乡村振兴背景下新型职业农民的定义与培养》，《江西社会科学》2021年第12期，第219~225页。

⑥ 崔锐：《为什么要培育新型职业农民》，《人民论坛》2018年第28期，第80~81页。

素质农民培育工程），2015 年启动了新型职业农民资格认定工作①，截至 2021 年，共培育新型职业农民（含职业烟农）1736 人，年均开展农村实用技术培训 5000 余人次，推动 2 所田间学校建设。在培育新型职业农民的工作中，麒麟区坚持“政府主导、多方参与、立足产业、注重实效，突出重点、分类培育，以人为本、农民自愿”的原则，全面推进新型职业农民培育、农村实用人才和农业科技人才队伍建设。以村组干部、农村大学毕业生、大学生村官、返乡入乡创新创业者、农机农技能手、退伍军人、新型农业经营主体带头人、农业经理人等为重点培育对象，利用“新型农民职业培训”、“农村实用技术培训”和“田间学校”平台，采用课堂讲授、实习操作和田间走访等形式，采取走出去、请进来、到田间地头示范传授、集中授课等方式进行农业生产技术、创业指导、思路拓展等方面的培训，全面提升农业全产业链人才支撑的能力和水平。

案例 3-2：

杨成富，麒麟区东山镇法色村农民，2014 年参加了新型职业农民培训，开始事业转型，在区农业农村局的帮助下，他牵头与其他 8 户农户注册成立了恒源种植专业合作社，2014 年，杨成富建成了 180 个大棚开始种植芦笋，种植面积达 120 亩，一举成为麒麟区乃至周边各县小有名气的芦笋种植大户。2018 年合作社成员发展到了 115 户 346 人，其中建档立卡精准扶贫户 32 户 104 人。现已辐射带动农户种植芦笋、辣椒等高原农产品 3000 余亩。2017 年他带头创建的芦笋种植基地，被麒麟区农业农村局遴选为“新型职业农民培育机构和实训基地”（田间学校）；2018 年杨成富获“东山镇致富带头人”“麒麟区科普示范带头人”等称号。2018 年，恒源种植专业合作社与东山镇政府联合成立的“东山山里菜”特色农产品超市在靖江商城开业，推动“东山山里菜”

① 孙彩芬、张爱莉：《云南省曲靖市麒麟区新型职业农民培育存在问题和对策》，《河南农业》2016 年第 11 期，第 142~143 页。

逐步走向市场化、组织化，把辣椒、芦笋、洋芋、青花等“东山山里菜”特色农产品形成品牌推向市场。

麒麟区新型职业农民培育依托云南省农业广播电视学校麒麟分校开展，按照《高素质农民培训规范（试行）》要求，对麒麟区各个乡镇（街道）龙头企业、农民专业合作社、家庭农场等新型农业经营、服务主体负责人或骨干，乡村振兴带头人（新任村干部等），返乡入乡人员等进行培训，以未来麒麟区要高质量打造世界一流的“三张牌”（绿色能源牌、绿色食品牌、健康生活目的地）中涉农的“绿色食品牌”为主题，按照“大产业+新主体+新平台”发展思路进行培训规划。2021 年麒麟区共推荐 4 人四批次参加“中组部、农业农村部 2021 年农村实用人才带头人和到村任职、按照大学生村官管理的选调生示范培训”且获“优秀小组奖”及“优秀个人奖”；推荐 30 余人参加曲靖市农村创业致富带头人能力提升培训班；推荐 1 人作为优秀农民代表参加全省交流；推荐 1 人参加全国农民教育培训发展论坛。根据《曲靖市麒麟区农业农村局特色产业“十四五”规划（2021—2025 年）》中的目标任务，2023 年累计培育新型职业农民（含职业烟农）2000 人以上，年均开展农村实用技术培训 6000 人次以上。

三　支持农民工返乡创业，推动农村产业发展增活力

返乡创新创业群体主要指从农村走出去又回到农村创新创业的各类人员，包括农民工、毕业大学生、退伍军人等；入乡人员主要是指原本在城市居住、生活和工作，又进入乡村创新创业的各类人员，包括城镇居民中的下乡投资创业者、政策性下乡人员，亦称新农人①。吸引优秀劳动力返乡创业，对于培育农村经济发展新动能、推动实施乡村振兴战略具有重要意义②。

---

① 孔祥利、贺音：《乡村振兴战略实施中培育壮大返乡入乡创新创业群体的路径选择与政策支持》，《西北大学学报》（哲学社会科学版）2023 年第 2 期，第 66~79 页。

② 王轶、熊文：《返乡创业：实施乡村振兴战略的重要抓手》，《中国高校社会科学》2018 年第 6 期，第 37~45、154~155 页。

麒麟区依托于“情归麒麟”行动。吸引在外麒麟籍优秀人才以信息回馈、人才回归、资金回流、创业回乡等方式支持服务家乡建设。通过安排回引人才到村（社区）、合作社担任助理的方式，让回引人才在乡村振兴、产业发展、基层治理等重点工作中发挥作用，其中45名回引人才在2021年村（社区）“两委”换届中，当选为新一届村（社区）“两委”干部。结合“干部规划家乡行动”，宣传动员587名在外公职人员、300名能人贤士回乡参与家乡建设，成立规划编制组76个，筹集资金1235.1万元，有效保障了361个自然村村庄规划编制工作①。

案例3-3：

曹胜祥（1992年生，男，2016年毕业于中国地质大学长城学院土木工程专业）一跨出校门就与好同学张皓（1993年生，男，2016年毕业于中北大学生物工程专业）成立了曲靖云菇农业科技有限公司。这是一家集食用菌种子育、繁、种于一体的现代农业公司，公司对外提供菌种和技术支持，与农户、合作社签订种销合同，打造“企业+合作社+农户”新型生产关系，增加农户农业致富的路子，充实农民的钱袋子。

案例3-4：

万加浩（男，中共党员，毕业于云南师范大学商学院），毕业后从事文化传媒工业，积累了大量的社会经验，后来开了自己的传媒公司，年营业额达百万元以上，是同龄人中的翘楚，是长辈心中的有为青年。他心系家乡发展，谋划了家乡依托麒麟水乡景区借势开发乡村旅游的项目。2017年底，万加浩带着资金回到马房村，并说服了村委会领导班子成立曲靖大龙文化旅游有限责任公司，建成了集餐饮、民宿、水上娱乐功能于一体的特色农庄——龙庄。通过两年多的努力马房村已

① 《麒麟区2022年国民经济和社会发展统计公报》，https://www.ql.gov.cn/news/detail/bmxx/54549.html；曲靖市麒麟区人民政府地方志办公室编《麒麟区年鉴（2022）》，云南人民出版社，2022。

初步形成了乡村旅游集聚片区，集体经济壮大，片区居民实现了就近就业创业。

四　强化专业技能人才培养，夯实农业现代化发展基础

（一）畅通专业技术人才培养通道

在专业技术人才培养方面，麒麟区畅通专业技术人才的进入渠道，完善基层事业单位公开招聘办法，放宽条件，降低进入门槛，对艰苦边远地区给予政策倾斜，努力解决基层和艰苦边远地区“招人难”的问题。同时，对基层事业单位招聘高层次和急需紧缺专业技术人才，适度放宽编制限额，采取多种形式，加大对高层次人才的引进力度。此外，麒麟区围绕技能人才培养、培训也做了大量工作。

一是坚持优化就业环境稳定就业。通过实施积极的就业创业政策，不断优化就业创业环境，促进各类人群尤其是本地技能人才就业创业，同时，吸引外地技能人才来麒麟就业创业，扩大本地技能人才、高技能人才容量。统筹做好高校毕业生、失业人员、就业困难人员、建档立卡贫困户等重点群体的就业帮扶，提供全方位公共就业服务。2022 年，麒麟区实现城镇新增就业 4483 人，失业保险待遇按时足额发放，“零就业家庭”动态清零。

二是加强对职业培训院校的监督、管理。职业培训院校作为技能人才培养的核心场域，承担着培养人才、提升技能的重要责任。通过切实改革课程教学，优化实训实习的设施条件，有效实施技能教学。为了进一步提升职业院校、培训学校教学水平和质量，麒麟区加大对各类培训学校的监督、检查力度，定期对培训学校教育教学情况、教学环境等进行评估、打分。

三是加大职业技能培训力度。加大对技能人员的职业技能培训力度，充分利用技能提升行动专项资金，引导城乡未就业人员提高技能和素质，挖掘技能人才资源，提升技能人才就业质量，推进素质就业。按照有关政策进一步完善、规范就业培训办法措施，开展各类针对技能人员的技能培训鉴定、创业培训。

（二）畅通职称晋升渠道

麒麟区严格按照中央、省、市关于专业技术人员职称晋升有关工作要求，积极拓宽专业技术人员职称申报渠道，规范专业技术人员职称申报、审核流程，向基层倾斜，放宽基层专业技术人员职称晋升、岗位聘任等条件，确保基层专业技术人才职称晋升工作稳步推进。同时加强对麒麟区各系列专业技术职称评委会的监督和管理，督促其做好专家、评委的选拔、推荐工作，确保评审质量和水平。

（三）畅通选拔推荐优秀专业技术人才渠道

麒麟区坚持做好各级各类优秀专业技术人才奖项申报、选拔、推荐工作，严格按照省、市人社部门关于开展省突、省贴、市突、市贴等各项优秀专业技术人才奖项申报工作的要求及安排，积极宣传高层次人才奖项政策，激发麒麟区专业技术人才干事创新热情，落实好专业技术人才奖励激励机制。同时认真做好专家基层科研工作站申报、管理、考核工作，通过积极引进各领域、行业内的专家、学者，培养本地优秀专业技术人才，推动麒麟相关专业技术领域的进步和发展。同时，进一步做好专业技术人才综合服务、管理工作。一方面对专业技术人才实行动态管理，通过建立专业技术人员基础数据库，定期更新数据库人员信息，及时掌握麒麟区专业技术人员基本情况。另一方面严格规范专业技术人员日常管理工作，对岗位聘任、合同签订等环节严格审核把关，提升服务质量和水平，增强管理效能。截至2022年，麒麟区机关事业单位共有专业技术人员9352人，其中正高级27人，副高级3115人，中级2772人，初级3243人。[①]

案例3-5：

贺崇云，男，越州镇人，是麒麟区2021年高素质农民培训班的一名学员。他于2013年担任大梨树村党总支书记，2018年担任麒麟区大

① 《麒麟区2022年国民经济和社会发展统计公报》，https://www.ql.gov.cn/news/detail/bmxx/54549.html。

梨树蓝莓种植农民专业合作社理事长，一直以来兢兢业业，用心做事，把发展置于首位，把工作落在实处，把全村经济社会发展水平推上了新的台阶。多次荣获区委区政府授予的“优秀共产党员”“先进科协工作者”“优秀人大代表”“红旗标兵”等荣誉称号。贺崇云在2013年担任党总支书记、村委会主任后，以“三联三争”作为推进“三个组织化”工作的举措，解决资金人才整合无平台、资源利用无效率、利益联结无组织问题，按实体化经营、多元化整合、规范化管理的“三化”模式促进资源变股权、资金变股金、农民变股民。2014年麒麟区政府引进曲靖佳沃现代农业有限公司在大梨树村种植山地优质蓝莓；2017年国际蓝莓大会在麒麟区成功召开；2018年至今大梨树蓝莓基地种植的“山地蓝莓”连续四年被评为云南省“十大名果”，并被认定为全国绿色食品A级产品。

第四节　麒麟区推动人才振兴的问题与困难

随着城镇化进程的不断加快，越来越多的适龄劳动力涌入城市，在为城市发展做出贡献的同时，也致使乡村空心化、老龄化、低素质化的现象日益凸显。一方面，农业机械化水平的提高，解放了大量农村劳动力。青壮年大多选择进城发展，而留在乡间耕作的多是妇女、儿童和老人。另一方面，乡村社会配套服务设施建设相对滞后，发展机会相对较少，各类人才对农民这一职业的认同感、荣誉感不强等多重因素导致农村缺乏吸引高端人才回乡创业的氛围。

案例3-6：访谈员与村干部就人才建设中的困难展开对话

访谈员：本村有没有特别能干的，如致富带头人等？现在还在吗？

村干部：有的，只是现在离开村子了，之前在村子里是在煤矿这块发展，不过现在村子里没有煤矿了，就都走了。

与此同时，乡村治理人才极度匮乏。乡村青年后备人才比例较低，大部分具有发展潜力的优秀干部选择“走出去”，而响应国家政策深入农村基层的到村任职选调生（大学生村官）社会阅历浅、基层工作经验少。大多数大学生村官只是将农村经历作为一种过渡，时刻为“返城”做准备，最终留在基层组织的少。大多数大学生村官的“返城”和优秀干部的匮乏，让乡村治理人才极度匮乏。

案例 3-7：访谈员与村干部就人才建设中的困难展开对话

访谈员：本村现在那些能干的人和走了的那些能人之间是否存在差距？存在哪些差距？为什么有的能人留了下来？

村干部：老一辈实干精神好（不比那些能人差），（但是村里）待遇低，留不住人，能留下来的人是对村子有情怀，想把村子做（建设）好。

此外，农村人才培养体系不够健全，教育基础仍然相对薄弱，继续教育发展相对滞后，乡村人才培训内容集中在种植养殖技术、经营管理等方面，有待进一步拓展，以更好适应乡村经济社会发展的需要。

第四章　城乡融合发展赋能文化振兴

中国特色社会主义进入新时代，这是实现中华民族伟大复兴的新时代。民族要复兴，乡村必振兴，中华民族伟大复兴离不开乡村振兴。作为乡村振兴重要目标之一的乡村文化振兴，是乡村振兴的灵魂工程，对于铸牢中华民族共同体意识根基、坚定中国特色社会主义文化自信、助推乡村全面振兴、实现中华民族伟大复兴都具有重要意义。新时代我国社会的主要矛盾已经转化为人民日益增长的美好生活需要和不平衡不充分的发展之间的矛盾，美好生活需要内在地包含了精神文化需要，文化作为乡村社会发展的弱项，是待解决的问题。

城市与乡村是存在于一定空间内的两种不同的社会共同体，城乡融合是城市与乡村之间的政治、经济、文化等在长期相互影响下，发展到一定阶段所展现出来的一种特有关系，是城乡关系经历城乡混沌、城乡对立，最终达到城乡统一的状态。城乡融合理念在党的十九大报告中首次正式提出。现阶段，强调城乡在要素和功能方面有机结合、互促互补共同繁荣局面的形成。

通过促进城乡间交流、互动和合作，推动文化领域的发展和振兴，实现城乡文化融合与共同繁荣。通过整合与共享文化资源、支持文化创新与创意发展、加强文化教育与人才培养等方法，达到城乡融合发展促进城乡居民之间的交流、互动和合作，增进相互了解与认同，减少城乡之间的差距和隔阂，增强社会凝聚力和社区意识的目的。通过共同参与文化活动和共享文化资源，城乡居民更加认同和热爱自己所属的文化身份，形成文化认同感和归属感。同时在该过程中，保护和传承传统文化，防止文化资源在城市化进程中流失或被忽视。重视传统文化的弘扬与保护，使之成为城乡居民共同的文化基础，延续历史传统和文化精神。

党的十九大作出了实施乡村振兴战略的重大决策，将乡风文明作为乡村振兴的保障，而文明的乡风必须以繁荣兴盛的乡村文化作为支撑。乡村振兴不能就乡村论乡村，必须走城乡融合发展之路，因此乡村文化振兴也必须在城乡融合发展中实现。所以，在城乡融合视域下开展乡村文化建设研究，对于乡村文化自身的发展、乡村全面振兴都具有重要意义。

首先，推动新时代城乡融合发展赋能乡村文化振兴，是对马克思恩格斯城乡融合思想的继承和发扬。马克思恩格斯城乡融合思想诞生于19世纪，他们深入考察了城市与乡村关系的演变及其动力，这些内容对于在新的历史条件下开展乡村文化建设具有重要的指导和借鉴意义，同时推动新时代城乡融合发展赋能乡村文化振兴也是对马克思恩格斯城乡融合思想在当代的继承与发扬。

其次，厘清城乡融合过程中乡村文化建设思路，丰富新时代乡村文化建设研究。乡村文化在新型城乡关系中必然会呈现一些新特征，这就要求相关理论研究者与时俱进，根据现实情况不断更新与丰富知识经验，适应新情况，解决新问题。在城乡融合视域下开展乡村文化研究，不仅符合时代发展要求而且对于完善乡村文化理论体系具有现实意义。

最后，提出城乡一体化融合发展赋能文化振兴的路径，促进乡村文化建设。在城乡融合的时代背景下，与时俱进地对乡村文化展开研究，并提出切实可行的乡村文化建设路径，对于丰富农民群众精神生活，营造良好的思想文化氛围，弘扬本土的优秀文化，增强农民文化自信；培育乡土人才，推动乡村人才队伍的建设，进而全面推动乡村文化振兴都具有重要价值。此外，文化振兴在乡村振兴战略中起着思想引领作用。推进乡村文化振兴，在政治上可以密切党与农民群众的思想交流，巩固基层党组织的群众基础。在经济上可以壮大乡村文化产业，推动乡村经济发展。在思想上可以提高农民思想道德素质，提升乡风文明水平。在社会层面上可以促进城乡互动，缩小城乡差距。在生态方面可以提升农民的生态文化素质，增强农民的环保意识，从而推动乡村全面振兴。

第一节　麒麟区文旅产业发展现状和模式

一　文化产业发展现状

自乡村振兴战略提出以来，麒麟区依托地域优势与文化特色，找准定位，文旅产业快速向好发展，走出了麒麟特色文化振兴道路，以文促旅、以旅彰文，以“旅游+”推动文化和旅游产业全链条深度融合。麒麟区依托气候、资源、区位等优势，深入实施全域旅游战略，完善旅游产业体系，提升旅游产品品质，加快打造“云南省农旅文融合先行区”和“健康生活目的地”。同时，立足麒麟区丰富的自然资源和独特的民间文化，精心谋划一批具有示范带动效应的重大旅游项目，建设东山农旅文融合城镇、克依黑康养小镇、潦浒陶艺小镇、沿江大龙、珠街西海、文华桂花等重点旅游项目。

（一）顶层设计不断完善，文旅产业多途径快速发展

近年来，麒麟区文旅产业发展的顶层设计不断完善，积极推进全域旅游建设相关工作与麒麟文化旅游“十四五”规划衔接，积极围绕“一带双核，一体两翼”的全域旅游空间布局，推进文旅项目包装策划、招商引资、落地运营等工作。

一是通过多种途径积极寻求文旅产业发展，持续加大招商引资、旅游推介力度。2021 年，麒麟区文化和旅游局组织企业参加广州市举办的以“珠江之源 · 好在曲靖”为主题的旅游推介会和中国国际旅游交易会等专题推介活动，不断加大对麒麟核心景区、精品线路、旅游商品的宣传力度，取得了较好效果。

二是培育研发爨、土陶、彝绣、非遗、版画、休闲食品等六大系列文创产品，麒麟区沿江街道、三宝街道、珠街街道申报创建为省级旅游名镇（街道），沿江街道马房村、珠街街道涌泉村、越州镇潦浒村创建为省级旅游名村。

三是文旅项目高质量发展。麒麟区荣获中国避暑养生休闲旅游最佳目

的地和云南省特色旅游城市称号，三宝长坡村被评为“云南省旅游扶贫示范村”，并成为乡村旅游助力脱贫攻坚的典范。麒麟水乡、克依黑景区、金麟湾、寥廓山森林公园、沿江大龙田园综合体、桂花田园综合体等文旅项目加快建设，推动麒麟区文旅事业高质量发展。2021 年 1~9 月，麒麟区共接待国内游客 781.29 万人次，海外旅游者 2088 人次，旅游业总收入 91.14 亿元，同比分别增长了 41%、8.7%、42.23%。2022 年 1~9 月，麒麟区共接待国内旅游者 1391.27 万人次，同比上升 78.07%；实现旅游综合收入 109.09 亿元，同比上升 19.69%①。

（二）文旅产业发展格局稳步拓展，文旅市场营商环境持续优化

麒麟区文化市场兴起于改革开放初期，在发展中，从小到大，从单一到多种，目前已形成了集歌舞娱乐、电子游艺、艺术演出、书报刊批发零售等功能于一体的综合性市场，特别是近几年来，随着城镇化进程的加快，文化市场日趋繁荣。近年来，出台的有关文化市场健康发展的政策和规定，对调整产业布局、完善服务功能分区、集中建设管理、注入本地文化内涵起到极大的推动作用。目前，麒麟区已形成多门类多层次的文化市场体系，覆盖了不同层次消费者的需求。此外，麒麟区通过打造一批高规格、功能全、品位高、服务强的休闲娱乐场所，不断满足广大人民群众日益提高的物质和文化需求。

同时，麒麟区拥有丰富的自然景观和文化遗产，这些资源为文旅业发展提供了坚实的基础，吸引了大量游客。政府也通过政策扶持、投资支持和行业规划等方式，积极推动文旅产业的发展，敦促各乡镇（街道）不仅致力于满足传统旅游需求，还积极拓展多元化的旅游产品和服务，包括生态旅游、休闲度假、文化体验等，以适应不同游客群体的需求。

（三）大力推动公共服务体系建设，文化创新发展成绩显著

麒麟区通过支持文化企业和创意产业，推动文化创新。例如，建设了文化创意园区，扶持本土艺术家和文化创作者，举办了一系列文化节庆和

---

① 曲靖市麒麟区人民政府地方志办公室编《麒麟区年鉴（2022）》，云南人民出版社，2022。

展览。这些举措不仅丰富了文化生活，也促进了文化产业的发展，为地区的经济发展做出了贡献。同时，麒麟区鼓励社区居民积极参与文化活动和社区建设。通过开展各种社区文化活动、志愿者活动，增强居民的归属感和参与感，促进社区的和谐发展。

麒麟区在2022年进一步优化了文化服务供给。精心做好图书馆的导读工作，根据读者需求，提升对外窗口的服务质量，做好图书、报刊的流通管理及新书、优秀书籍推荐工作。设新书专架，开设“新书推荐”专栏，在图书馆微信公众号平台每周发布。推出“馆员荐书”系列短视频，在抖音号和视频号同步发布，引导更多的市民“好读书、读好书”。

案例4-1：农家书屋读者须知节选

“农家书屋”是为满足广大群众需要，由政府统一规划在行政村建立的农民自己管理的能提供公益性文化服务的场所，具有书、报刊和音像电子产品等阅读视听文化设施。“农家书屋”遵循全心全意为农村群众服务的宗旨，为读者提供“摸得到、看得懂、用得上”的出版物，为建设社会主义新农村提供精神动力和智力支持。

（四）保护利用文化遗产，文化遗产赓续传承

麒麟区在悠久的历史长河中，形成了独具特色的地方文化和风俗。在社会经济快速发展的今天，文化遗产的保护至关重要。近年来，麒麟区持续关注文物保护，并不断加大保护的力度。麒麟区成立非遗申报工作领导小组。至2021年，已申报不可移动文物点193个，完成了三堆子墓群、水城土司城址等6个文物保护单位申报曲靖市第三批文物保护单位相关工作，申报非遗保护项目25个（其中省级2个、市级10个）。非遗传承人30人，其中省级3人、市级12人，助推土陶、刺绣等非遗文化产业化[①]。

① 《麒麟区2021年国民经济和社会发展统计公报》；曲靖市麒麟区人民政府地方志办公室编《麒麟区年鉴（2022）》，云南人民出版社，2022。

2022年，麒麟区文物事业呈现良好的发展态势，非物质文化遗产保护取得显著成效，越州老酱、茨营确比舞、曲靖韭菜花三个项目通过省级评审，成为省级非物质文化遗产保护项目。

（五）农村公共文化服务体系日渐完善

麒麟区持续深入推进“农家书屋”扶贫工程的建设。为满足农村劳动力人口阅读需求，常年开展赠书活动。除此之外，麒麟区依托“我们的节日”、世界读书日、图书宣传周等常年举办各类阅读推广活动。至2021年，麒麟区共建成14个乡镇（街道）综合文化站、134个村（社区）综合文化服务中心，144个农家书屋①。基本形成了以区文化和旅游局、区图书馆、区文化馆为龙头，以各乡镇（街道）综合文化站、村（社区）综合文化服务中心为基础，覆盖麒麟区的公共文化服务网络，进一步满足了农村人口的阅读需求。

二　特色文旅产业发展模式

麒麟区在特色文旅产业发展方面强调，要将麒麟区建设为区域中心城市文旅核心区、城乡文旅融合发展示范区、现代健康生活旅居目的地，使其在文化强省、旅游强省建设中走在前列。紧跟文化和旅游发展趋势，坚持“以文塑旅、以旅彰文”理念，推动文化和旅游产品业态打造、公共服务、市场管理及市场主体培育、对外合作交流等各环节磨合、组合、融合，高质量推进文旅融合，做深、做实、做精文旅融合，大力实施“文化+”“旅游+”，积极发展文化遗产旅游、文创演艺旅游、历史文化旅游、民族文化旅游等文化旅游业态，推动形成文化和旅游资源共享、优势互补、协同并进的发展态势。积极融入“一带一路”“滇中城市经济圈”“麒沾马”一体化建设，坚持文旅融合背景下的全域旅游发展战略，在文化交流、政管互惠、产品开发、资源共享等方面积极主动作为，突破现有成熟景区单核心的发展模式，置身于大

① 《麒麟区2021年国民经济和社会发展统计公报》；曲靖市麒麟区人民政府地方志办公室编《麒麟区年鉴（2022）》，云南人民出版社，2022。

格局、大背景下进行整体规划，安排项目建设时序，统筹协调旅游项目布局、旅游产品开发、精品线路设计与公共服务配套的工作进程。

麒麟区的自然风光优美，文化多样且历史悠久。经过近年来的发展，社会主义核心价值观深入人心，群众素质和社会文明程度达到新高度，城乡公共文化服务实现均等化，公共文化体系更加完善，文化遗产保护利用成效显著，文化艺术精品更加多样，文化事业、文化产业繁荣发展，舞文化、陶瓷文化、红色文化等得到进一步传承和保护，文化对外交流合作水平迈上新台阶，旅游新产品丰富多样，旅游服务优质高效，市场竞争力和影响力大幅提升。总之，在文旅产业的发展进程中，麒麟区依托不同的区域与主体探索出了多元发展路径与模式（见图 4-1）。

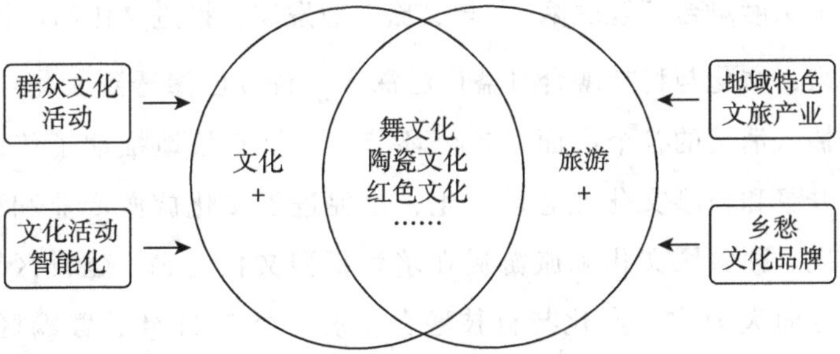

图 4-1　麒麟区文旅产业发展模式

（一）依托文化馆加强党建宣传，推广并丰富群众文化活动

一是麒麟区文化馆从加强学习教育、强化内部管理和完善制度机制入手，转变工作作风，狠抓工作落实，切实加强党建工作，利用每周二的常规学习和每月一次的党支部主题党日活动、云岭先锋 App、支部大会等，提高党员和全体干部职工的素质，坚持领导带头，认真落实“三会一课”制度，围绕党风廉政教育等相关主题开展专题党课，不断深入学习党章，党的路线、方针、政策，法律法规，业务知识和专业技能等。

二是加强廉政文化宣传教育。以开展廉政文化建设为契机紧紧抓住提高党员和干部职工素质这个中心环节，为全体干部职工充电，为更好开展群众文化工作打下了坚实的基础。

三是通过免费开放方式，进一步为群众文化活动的开展提供便利。首先，开放场地除舞蹈排练厅、书画室、合唱室、器乐室和多功能大剧场之外，在原麒麟区歌舞团所在地又开放了舞蹈排练室、书画培训室等场地，总计开放各类文化活动场地12个，每天的开放时间达10个小时以上。截至2022年，累计进入文化馆参加免费开放活动的达万余人次，参加文化培训500人次以上，文化馆为各类文艺爱好者提供了一个学习与展示自己的空间与平台，也为麒麟区广大百姓提供了一个免费欣赏节目、提高艺术欣赏水平的场所。其次，麒麟区文化馆通过线上线下相结合的方式，组织开展了“麒麟文苑”文化志愿者艺术慕课等培训活动，为喜欢书法、美术、摄影的广大群众提供了便利。

（二）深度融合“互联网+”与文旅产业发展，推进文化活动智能化

近年来，文化与科技融合日益广泛深入，科技已渗透到文化产品创作、生产、传播、消费的各个层面、各个环节，不仅有效地推动了传统文化产业的转型升级和新型文化业态的产生，也促进了文化旅游产业和科技产业的快速发展。麒麟区文化和旅游局在培育新型文化业态、建设区域文化服务体系等方面大力推进文化与科技融合发展。至2021年，麒麟区图书馆、文化馆数字信息化平台和微信公众号全部上线。推进数字公共文化服务网络建设工程，建立了电子阅览室和自动化采编集成系统，形成了检索系统网络和电子阅览室网络双网互通的局域网。积极构建区级公共图书馆总分馆制服务模式，建设了特色数据库和24小时自助图书馆。

麒麟区以世界读书日为契机，常态化免费开放图书馆，馆内百兆光纤接入，Wi-Fi全面覆盖，进一步利用科技服务满足群众的文化活动需求。麒麟区文化和旅游局通过提供线上课程等方式，开展文化传播、文化教育，丰富了群众的获知途径。此外，麒麟区还充分利用互联网、大数据强化宣传营销。大力实施文化旅游“走出去”工程，创新营销模式，运用“抖音”“微信”“快手”等新媒体平台，通过短视频、线上直播等方式开展创意营销。充分利用新媒体阵地，主动发声，积极作为。

案例 4-2：

在 2022 年的元旦春节双节期间，麒麟区政府开展了春节系列文化活动，其中“剪窗花送春联·辞旧迎新过大年”新春贺岁直播活动，点击量达 1 万余人次。“喜迎二十大共筑家国梦”曲靖市 2022 年家风家教主题宣讲暨“我们的节日·七夕”活动，社会效果良好。

（三）依托地域优势和文化特征，因地制宜发展文旅产业

1. “景城”一体式发展，推动城郊旅游

麒麟区荣获“中国避暑养生休闲旅游最佳目的地”“省级全域旅游示范区”“云南省特色旅游城市”等荣誉，麒麟水乡、金麟湾、克依黑景区分别获评“中国最美休闲度假旅游景区”“中国最美养生休闲旅游景区”“中国最佳运动休闲旅游景区”，旅游服务体系日趋完善，旅游品质和美誉度大幅提升，为全域旅游高质量发展打下了坚实的基础。其中，麒麟水乡已成为曲靖市观光休闲的一张名片，通过持续不断发展，人气越来越旺，名气越来越大。沿江街道“麒麟水乡片区”在乡村振兴过程中充分利用水乡景区的优势，形成了“田园休闲、亲水游乐、文化创意、生态度假、康体运动”业态，各项工作取得一定成效。水乡景区既带来了片区环境的整体改善，又为片区群众带来了大量就业和增收渠道，成为片区乡村振兴的重要引擎。沿江街道充分发挥城郊优势和麒麟水乡的辐射带动作用，一体式打造美丽夜景，集装箱特色街区，精心绘制“印象沿江”文化长廊，增设景观小品，翻新“鱼米之乡”地标建筑，有效促进了经济社会发展。

2. 民族团结一家亲，建设民族特色村

云南省作为多民族地区，拥有丰富的民族文化和民族艺术资源，麒麟区是典型的少数民族散杂居地区，有彝族、回族等 49 个民族，党的十八大以来，麒麟区以城市民族工作为重点，探索出“心心相融、共美麒麟”的民族团结进步创建之路，成为第三批云南省民族团结进步示范区。麒麟区南宁街道黄家庄社区雨钵村，通过建设民族特色村，走出了一条不同的发展之路。雨钵村自然资源条件优越，交通便利，具有丰富的民族文化资源，

其以科技进村打造特色观光性农业、彝族文化传承中心、彝族文化活动广场等，在对民族传统文化进行传承保护的同时，发展旅游文化，壮大集体经济。长坡村开展音乐、舞蹈、小品等多种形式的文艺作品创作，进行脱贫攻坚主题专场巡演，充分发扬当地彝族特色文化，吸纳贫困户组建“长坡圆梦民族艺术团”，适时开展文艺演出，丰富群众文化生活，不断提升贫困户脱贫志气。麒麟区积极探索“文明创建+民族团结进步”模式，已经被列为云南省新时代文明实践中心重点联系县，形成了以旅游交流为平台、以产业合作为主体的交往交流交融格局。

3. 传承红色文化，推动红色旅游

红色文化包括物质文化与非物质文化。1936 年 4 月，红二方面军长征过境，红六军团通过三宝、何旗、桥头、五联社区三百户村等地，留下了大量珍贵的革命遗迹。麒麟区通过挖掘与利用红色文化独特的价值，推动红色旅游。五联社区以“弘扬革命历史、传承红色基因”为特色，着力打造“曲靖红色文化第一村”品牌，通过完善红新村基础设施，盘活带动集体经济和融入周边村社资源，布局一批带动性产业业态和文化业态，打造区域性文化旅游品牌，红军过楼已经成为五联社区的一张名片。沿江街道的知青文化产业园（见图 4-2），以知青生活旧址为核心，打造知青文化广

图 4-2 知青文化产业园

场、知青民宿、知青展览馆、知青大食堂、知青农场、智慧社区等。充分挖掘知青文化，弘扬知青艰苦奋斗的创业精神、无私奉献的主人翁精神、执着进取的时代精神。红色文化的发展推动了红色旅游，增强了文化自觉，坚定了文化自信，围绕红色文化构建的一系列的旅游产业，推动了红色文化产业的可持续发展。

4. *文旅融合发展促进城乡融合发展*

2023 年，麒麟区潦浒古镇核心区建设进展顺利，糖行街、诸葛巷、芭蕉巷等西门街片区保护开发项目全面推进，五星级酒店万豪酒店启动建设，温泉片区综合开发项目完成规划，麒麟水乡获评全省绿美景区标杆典型，创成 3A 级旅游景区 2 个。推出精品旅游线路 4 条，麒麟乡村“康养之旅”入选全国乡村旅游精品线路。“清凉曲靖·避暑天堂”文旅活动精彩纷呈，荷花节、龙舟赛、长桌宴等特色活动多姿多彩，经验做法被多家媒体报道。全年累计接待旅游人数 2550 万人次，实现旅游综合收入 282.64 亿元（同比增长 111.57%）。中央音乐学院师生到麒麟交流演出，多场大型文化演艺活动成功举办，《潦浒陶缘》话剧斩获市级文艺汇演多个奖项，区图书馆获评省级最美公共文化空间。

（四）传承乡村文化记忆，打造乡愁文化品牌

乡村文化作为一种根植于乡村生活、迥异于城市文化的文化形态，具有浓郁乡土气息和强烈人文色彩，在一定意义上可以让乡民真切地体会到“根脉”，从而进一步传承乡村文脉，留住乡愁记忆。保护乡村风貌，传承乡村文脉，留住乡愁记忆是美丽乡村建设的应有之义。麒麟区潦浒小镇的打造，遵循微更新理念，重构传统乡村文化，让乡愁得以安放。突出了小镇独特的村居风貌、文化景观以及传统的风土人情和田园风光，同时尊重农耕文明，推进传统村落保护发展，让人们感受“乡风、乡俗、乡情、乡声、乡味”，感悟“乡恋、乡思、乡念”。并且，把保护自然生态作为“留住乡愁”的要领，突出地域特色，体现差异性和多元化。用乡土材料修复地方特色建筑，保护好乡村千百年来传承的自然景观、生产方式、民风民俗等“田园牧歌”式的“乡愁”，并把弘扬传统文化作为“留住乡愁”的统领。

案例 4-3：越州镇访谈

我们越州不但是一个工农业大镇，也是一个文化大镇。越州是爨文化的一个发源地，爨宝子碑的出土地就在越州，爨宝子这位将军原来就生活在我们这个地方，后来他的墓也是在这个地方，应该说文化比较厚重。……今年要全面建成我们潦浒古镇，它（潦浒陶瓷）以制“柴烧陶”为主，包括一些日用的陶瓷、建筑陶瓷……按照我们市委书记李书记的要求，要以爨（文化）为底座，陶（文化）为灵魂，打造一个古镇，这两年大概投资了 15 亿元。从去年 3 月份开始一直到现在都在推进这个项目……还有文化旅游这块的融入，打造旅游的景点，应该说整个一、二、三产业在越州都具备。

潦浒村借助古陶文化、爨文化、龙窑文化的魅力，把沉寂千年的潦浒记忆打造成独一无二的爨乡古陶文化艺术古镇。潦浒古陶作为潦浒的特色历史文化产品，走向了全国的市场。潦浒古镇始终坚持规划与建设同步、保护与开发并重、传承与创新并举的产业发展思路，通过资源联合、项目联建、部门联动、效益联享，聚力加速以潦浒大村为核心的区域建设进程，逐步实现从“制造陶瓷”向“文化陶瓷”的华丽转身，走出了一条基础、产业、文化、旅游“四位一体”，一、二、三产业互促互动、共融发展的新路子，初步打造了产业、文化、旅游融合发展的特色小镇。

同时，潦浒大村村庄规划根据地理位置、自然禀赋、文化特色等特点来编制，彰显出多元化的乡村风格。“开窑节”“祭窑神”“长街宴”“摸泥节”“牛踩泥”“谷神节”等民俗得到传承保护，“踢打戏”“洞经音乐”“花灯戏”“许家班木偶戏”等古老戏曲展演活动依然在广场、桥头、院落起幕落幕……

第二节　麒麟区城乡融合发展赋能文化振兴实践路径

麒麟区长期以来十分重视文化振兴，对区内的文化振兴提供了多方面、全方位的有效支持。2010~2020年，文化体育与传媒支出增长了83.76%。通过保护历史文化遗产、举办文化活动、培育文化创意产业等途径，麒麟区在文化振兴方面取得了明显的成绩。其创新性的举措和全面发展的思路，为其他地区树立了榜样。

麒麟区在城乡融合发展赋能文化振兴的过程中，通过文化共享、文化保护和文化发展三个方面的措施整合文化资源，通过打造文化资源数据库和数字化文化平台推动文化共享，通过文化遗产保护、传统文化推动基层治理和数字化文化保护推动文化保护，通过文化设施建设和文化产业发展推动文化发展（见图4-3）。

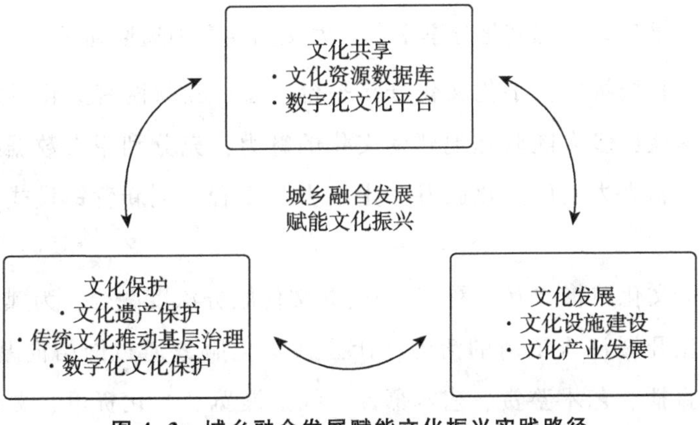

图4-3　城乡融合发展赋能文化振兴实践路径

一　加强文化资源共享

文化资源共享是推动文化振兴的重要路径之一。麒麟区加强文化资源共享的创新举措，不仅丰富了人们的文化生活，也推动了区域文化的蓬勃发展。麒麟区拥有丰富的历史文化资源和鲜明的地域文化特色。在文化多元化的时代背景下，如何保护并传承这些珍贵的文化遗产成为一个重要课题。麒麟区通过加强文化资源共享、文化遗产保护与传承，努力推动文化振兴取得新突破。

（一）积极打造文化资源数据库，构建智慧化文化共享平台

麒麟区通过整合区内各类文化机构的藏品和资源，建立了统一的文化资源数据库。这一举措旨在让更多的人了解和利用这些宝贵的文化资源，促进文化交流和共享。积极构建区级公共图书馆总分馆制服务模式，智能图书馆的推出，极大地丰富了百姓的文化生活，促进了麒麟区文化的振兴与传承。同时，智能图书馆具有便捷、个性化以的特点，通过数字化方式促进文化的传承和普及，通过智能算法提高群众阅读效率和质量，通过数字技术激发文化创新活力。随着科技的不断进步，麒麟区智能图书馆将继续推动麒麟区文化事业的发展，成为文学创作者、爱好者和读者们的“最佳伙伴”。

（二）推广数字化文化分享平台，为文化共享创造便利环境

麒麟区积极推广数字化文化分享平台，通过互联网将文化资源普及到每个家庭，让更多人随时随地感受文化的魅力，充分利用大数据，加大宣传营销力度，大力实施文化旅游“走出去”工程，创新营销模式，宣传地方文化。

麒麟区文化馆将“互联网+”与公共文化服务深度融合，为麒麟区文化活动智能化开展注入了新的活力，让公共文化服务通过网络向基层延伸。通过文化直播、艺术鉴赏、艺术慕课、线上展览、文化资讯、文化配送等方式，在麒麟区融媒体中心，麒麟云、曲靖 M 新闻客户端等新媒体上开设了“云上说麒麟”专栏，讲述脱贫攻坚系列故事、专题宣传文明城市创建工作、展示艺术精品，将麒麟区文化馆国家一级馆、数字文化馆、总分馆制建设成绩和亮点用数字化形式呈现，开设了麒麟区文化馆官网、微信公众号、视频号、订阅号等，发挥资源优势，积极打造麒麟区数字文化品牌。

（三）大力支持文化创新产业发展，依托特色文化打造特色品牌

文化创新是推动文化振兴的重要引擎之一。麒麟区在政策和资金上给予创新产业优惠支持，并搭建了相应的平台和交流机制，为文化创新产业的发展提供了坚实的基础。沿江街道充分发挥城郊优势和麒麟水乡的辐射带动作用，一体式地打造集装箱特色街区，精心绘制“印象沿江”文化长

廊，增设了景观小品，翻新“鱼米之乡”地标建筑。“网红小镇”自2020年9月上线以来吸引了大量游客，有效地促进了当地经济社会发展。在当今世界日新月异的发展背景下，保护和传承特色文化已成为一项迫切的任务。麒麟区深知特色文化的创新发展需要将传统保护与现代价值观相结合，积极打造特色文化品牌。在全球化背景下，将特色文化与当代社会的需求和发展趋势相结合，寻找新的表达方式和内容，促使特色文化更加活跃，更具吸引力。

二　保护和弘扬传统文化

（一）坚定保护麒麟区文化遗产

在社会经济快速发展的今天，文化遗产的保护至关重要。麒麟区十分重视文化遗产保护，将传统建筑、古籍、民间艺术等珍贵文化遗产视为无价之宝，在政府的大力支持下进行修缮、整理与保护。近年来，麒麟区不断加大保护的力度，成立非遗申报工作领导小组，申报文物保护单位，助推土陶、刺绣等非遗文化产业化发展。麒麟区还对潦浒老街片区和古龙窑片区古桥、老房、老井、老树、龙窑等进行挂牌管理维护，征收龙窑周边土地，拆除了周边部分建筑，最大限度地保持了窑体原貌，对辖区内陶瓷个体作坊店面进行改造提升，以真正实现麒麟区文化遗产的全面保护与发展。

（二）运用传统文化推进基层社会治理

传统文化是人们心灵的滋养和精神的寄托。保护和传承传统文化，可以使居民更好地获得精神上的愉悦和满足，提升生活质量，增强幸福感和归属感。保护传统文化不仅是对文化遗产的保护，也是对社区居民权益的维护，是文化发展和社区建设的重要支撑，有助于实现社区的可持续发展和文明进步。习近平总书记在纪念孔子诞辰2565周年国际学术研讨会上强调：“对传统文化中适合于调理社会关系和鼓励人们向上向善的内容，我们要结合时代条件加以继承和发扬，赋予其新的涵义。”①

① 习近平：《在纪念孔子诞辰2565周年国际学术研讨会暨国际儒学联合会第五届会员大会开幕会上的讲话》，《人民日报》2014年9月25日。

麒麟区大力弘扬敬老、尊老、抚幼等优秀的传统文化。例如，团结村面对人口老龄化的严峻形势，尤其是农村留守老人、空巢老人、独居老人、失能老人、高龄老人中普遍存在的“做饭难”“吃饭难”等问题，积极提供“幸福乐园”助餐服务，整合了吴家营、袁家营、万旗营、江家营、王家营5个村小组集中开办老年人幸福乐园，每餐80余人就餐，80岁以上老年人免费就餐，有效地解决了村内留守老人、高龄老人的就餐问题，同时幸福乐园还提供包括理发等在内的免费服务，真正使居民“老有所养、老有所乐”。东山镇家庭学校帮助家长总结家庭教育经验，组织家长进行经验交流，同时，做好优秀学员、优秀家长的评比工作，以调动广大家长参与家庭教育活动的积极性主动性，更好地开展家庭教育。

（三）赋予传统文化新的生命力

麒麟区利用数字化传媒技术，将传统文化以更多元、更立体的方式呈现给公众。通过网络平台开设在线学习课程，让更多人了解和参与传统文化的传承。麒麟区文化馆通过线上线下相结合的方式，为群众提高品质服务，2022年，文化馆增设线上非遗摄影展。同时，麒麟区还鼓励文化创意产业的发展，通过与设计师、艺术家等合作，将传统元素融入现代产品设计中。这样的创新方式不仅给传统文化带来了新的生机，也为经济发展注入了新的活力。

弘扬传统文化有助于让人们对历史有更深的认知，保持对历史的敬畏之心。传统文化是一个地方的独特标识，麒麟区通过坚定弘扬传统文化，使其成为区域发展的独特优势和个性化品牌，吸引游客、推动旅游业的发展。麒麟区在传统文化的保护、传承以及创新上做出了积极的努力，不仅让传统文化得到了有效的继承与发展，也让其焕发出新的活力。

三　推动文化产业发展

近年来，随着文化产业的蓬勃发展和文化振兴的推进，麒麟区以其独特的地理位置和丰富的文化资源，成功成为引领文化产业发展、促进文化振兴的创新力量。通过积极创新和全方位的拓展，麒麟区文化产业蓬勃发展，为城市经济社会发展和乡村振兴注入了强大的动力。

（一）搭建文化交流平台，积极推介麒麟历史文化、特色产业

习近平总书记在中共中央政治局第三十次集体学习时强调："要更好推动中华文化走出去，以文载道、以文传声、以文化人，向世界阐释推介更多具有中国特色、体现中国精神、蕴藏中国智慧的优秀文化。"[①] 麒麟区凭借得天独厚的地理区位与历史文化底蕴优势，吸引了曲靖市及周边地区众多文化企业和艺术机构的入驻，通过整合区内外文化资源，建立文化合作和交流平台，吸引国内外文化机构、艺术家和学者，促进了区内区外文化密切交流与合作。例如，端午节期间，"清凉麒麟·乐不思暑"文化旅游节启动，将麒麟区历史文化、特色产业向全国乃至全世界展示，以荷花节、火把节、开窑节等为媒介，开展山歌大赛、广场舞邀请大赛、合唱节等活动，打造全国避暑旅游目的地"麒麟样板"。优秀的文化旅游商品是展示地方文化特色、让文化旅游资源"活起来"的重要载体，也是助推全域旅游全要素发展的重要环节。麒麟区积极组织企业参加"南亚东南亚国家商品展暨投资贸易洽谈会线上展""创意云南　2021 文化产业博览会""第四届中国国际进口博览会"等专题推介活动，不断加大对麒麟核心景区、精品线路、旅游商品的宣传力度。

（二）大力建设文化设施，满足民众需求，促进文化振兴

近年来，麒麟区的艺术馆、剧院、音乐厅等文化设施不断涌现，有效满足了人们对艺术和文化活动的需求。这些文化机构不仅提供了丰富多样的文化产品和服务，同时也为创作者和艺术家们搭建了展示才华的平台，进一步推动了文化产业的发展。首先，电影映出单位数自 2010 年以来，始终为 3 个[②]。电影映出单位在文化振兴中不仅具备传统电影的娱乐功能，更可以为文化振兴注入新的活力。其次，麒麟区自 2010 年以来始终保证区内有 3 个公共图书馆[③]。公共图书馆在传承和弘扬优秀文化传统、推动读者素

---

① 《习近平谈治国理政》（第四卷），外文出版社，2022。

② 曲靖市麒麟区人民政府地方志办公室编《麒麟区年鉴（2022）》，云南人民出版社，2022。

③ 曲靖市麒麟区人民政府地方志办公室编《麒麟区年鉴（2022）》，云南人民出版社，2022。

养提升、促进创新思维以及建设和谐社会等方面发挥着独特的作用。

麒麟区长期以来十分重视对公共图书馆的投入，并使其成为社区文化生活的重要组成部分，从而进一步激发公众的文化创新活力，为建设更加繁荣、和谐的社会贡献力量。麒麟区的广播电台数量在2019年开始出现减少，这是在新的时代背景下的调整。随着科技的快速发展，广播电台在文化振兴方面的作用式微。传统的广播模式已无法满足当今社会对多元化、互动性和实时性的需求。与此相反，麒麟区电视台的数量呈现增长态势。2010年，麒麟区有2个电视台，这一数据一直保持到2012年，进入2013年后，麒麟区电视台的数量增加至3个并始终维持。当代社会，在全球化的影响下，地方文化面临着日益丧失本土特色的困境。然而，地方电视台作为文化传媒平台，扮演着关键角色。通过创新的策略和手段，地方电视台可以发挥重新振兴当地文化的作用。地方电视台覆盖面广，可以借助电视节目、纪录片、广告等，向观众宣传当地文化的内涵和价值，唤起民众对当地文化的关注。

同时，地方电视台还可以通过举办文化赛事等形式，提升当地文化的知名度和影响力，为文化产业的发展做出贡献。地方电视台在文化振兴中的创新作用还体现在推动多元文化交流与融合上。地方电视台可以借助国际交流与合作，引进和传播其他地区的优秀文化内容，丰富当地文化的内涵和表现形式，推动不同文化的交流与对话，打破地域壁垒和文化隔阂，促进文化多样性的发展。

麒麟区一直以来高度重视广播和电视的全面普及，2021年，麒麟区广播人口覆盖率和电视人口覆盖率均达到100%①。广播的普及对于文化振兴具有重要的意义。首先，广播人口覆盖率的提高能够促进多样文化的传播和保护。其次，广播人口覆盖率的提高可推动文化知识的传递。此外，广播人口覆盖率的提高对于促进文化产业的发展也具有重要意义。电视人口覆盖率的提高，也将为文化振兴注入新的活力，并为文化产业的繁荣发展

① 曲靖市麒麟区人民政府地方志办公室编《麒麟区年鉴（2022）》，云南人民出版社，2022。

提供广阔空间。通过电视宣传，本土文化得到更多展示的机会，这不仅有利于保护文化多样性，而且也有利于激励文化创作者创作出更多富有本土特色的内容。通过丰富多样的文化节目，电视可以向观众传递艺术、历史、哲学等各个领域的知识，提升观众的文化素养。同时，电视人口覆盖率的提高还将吸引更多投资者和赞助商关注文化产业，为文化振兴注入更多资源和资金，推动文化与商业结合，实现艺术与市场的良性互动。

第三节　麒麟区文化振兴存在的问题和短板

一　公共文化服务体系建设有待加强

当前，麒麟区虽然十分重视公共文化服务体系的建设，但建设水平仍然不够高，仍有较大的提升空间。麒麟区公共文化服务体系建设水平不够高的主要原因之一是资金投入不足。公共文化服务需要大量的资金支持，包括场馆建设费用、文化设施维护费用、员工薪酬等。也就是说，麒麟区还需要提升用于公共文化服务体系建设的资金在政府财政预算中的比重，保障公共文化服务体系建设资金的充足。此外，麒麟区还面临着相关人才短缺的问题，公共文化服务体系建设需要专业的管理人才、技术人员、艺术家、文化教育工作者等。然而，目前公共文化领域的人才供给相对不足，专业人才流失，难以满足各级公共文化机构的需求。

此外，体制机制不完善也制约着公共文化服务体系建设。公共文化服务体系建设需要健全的管理体制和机制来保障服务的持续性和质量。但是目前存在体制机制不完善、职责不清晰、权责不明确等问题，这导致公共文化服务无法得到有效的规范和管理。同时，公共文化服务体系建设应当注重市场需求，通过市场机制提供符合公众需求的文化产品和服务。然而，目前公共文化服务体系的市场化程度相对较低，难以满足多样化的文化需求。并且，随着社会经济发展和文化传播方式的变化，公众对文化的需求和消费习惯也在不断变化。公共文化服务体系建设需要与时俱进，适应公众需求的变化，但是目前麒麟区存在着对公众文化需求认知不足、服务形式单一等问题。文化场地、设施供给与群众需求之间的矛盾仍然存在。人民群众对文化活动场地、设施的多元需求与现有公共文化设施的供给不相适应。

二　文化产业贡献率较低

文化产业在文化赋能乡村振兴的过程中发挥着不可忽视的作用。尽管麒麟区具有特色的文化和众多形式的传统文化，但其规模相对较小，文化产业对经济的贡献率较低。

首先，麒麟区的文化产品单一，难以满足群众多元、多层次的消费需求，难以形成产业集群效应。从类型上看，麒麟区各类文化经营单位主要集中在三大传统项目：娱乐业、网络服务业和出版物零售业。当前备受社会关注的新兴文化产业，如文化创意类的经营单位则几乎是空白。文化经营单位“低、小、散”，存在服务同质化，产品档次低、竞争力弱等问题。传统文化形态的重复、过度商业化等都抑制了文化产业的发展。

其次，由于人们的生活节奏加快、消费习惯转变等，一些传统的文化产品受到冷落。同时，新兴文化形式尚未得到足够的市场认可。由于文化产业收益周期较长，风险相对较高，许多投资者对其持谨慎态度。

最后，文化产业需要具备专业知识和技能的人才提供支持，而目前麒麟区人才短缺也成为制约文化产业经济贡献率提升的一大因素。

第五章 城乡融合可持续发展助力生态振兴

为破除城乡二元结构壁垒，自党的十六大以来，中央对城乡关系以及城乡发展路径的认识经历了从“统筹城乡发展”到“城乡发展一体化”再到“城乡融合发展”的演进过程①。城乡融合是建设农业强国和实现中国式现代化的必由之路②，城乡融合发展既不是简单地消除城乡生活功能差异的过程，也不是从城市到乡村或者从乡村到城市的单向过程，而是城乡区域性整体高质量发展的过程③，城乡融合发展将城市与农村视为统一有机体，城乡要素平等交换，公共资源均衡配置④。城乡融合的本质是城乡“你中有我，我中有你”的关系形态，是外部的、表层的联系不断渗透为内部的、深层的有机联系的过程，也是城乡边界日益模糊、耦合性不断提升的过程⑤。随着我国经济社会的不断发展，城市与农村之间的联系和互动日益密切，城乡差距逐渐减小⑥，打破城乡之间长期存在的二元结构这一制约城乡发展一体化的障碍，实现城乡融合发展⑦，最终目标是促进城乡社会、经济、

① 张克俊、杜婵：《从城乡统筹、城乡一体化到城乡融合发展：继承与升华》，《农村经济》2019 年第 11 期，第 19~26 页。

② 刘守英、龙婷玉：《城乡融合理论：阶段、特征与启示》，《经济学动态》2022 年第 3 期，第 21~34 页。

③ 叶剑平、魏凌：《重塑内生发展要素促进城乡融合发展》，《国家治理》2020 年第 21 期，第 12~15 页。

④ 刘彦随：《中国新时代城乡融合与乡村振兴》，《地理学报》2018 年第 4 期，第 637~650 页。

⑤ 毛渲、王芳：《城乡融合视角下的农村环境治理体系重建》，《西南民族大学学报》（人文社会科学版）2022 年第 3 期，第 190~196 页。

⑥ 胡池群、马晓钰、刘家民：《城乡融合对农业碳排放强度的影响研究》，《农业现代化研究》2023 年第 4 期，第 1~12 页。

⑦ 徐安琪：《低碳型城乡融合绿道工程方案规划与设计——以徐州市云龙区和平绿道为例》，《石材》2023 年第 10 期，第 79~81 页。

环境的协调、可持续发展，从而满足广大人民日益增长的美好生活需要①。要坚持农业农村优先发展，坚持城乡融合发展，畅通城乡要素流动渠道，加快建设农业强国，扎实推动乡村产业、人才、文化、生态、组织振兴②，为实现共同富裕打下坚实基础。

可持续发展是1987年世界环境与发展委员会（WCED）在《我们共同的未来》中提出的，可持续发展的定义是：既满足当代人的需求，又不损害子孙后代满足其需求能力的发展③，是人与自然和谐共生的发展。党的十八大以来，党和国家对生态与文明关系的认识日益深化，不断赋予城乡融合发展绿色意蕴④。在城乡融合背景下，以城乡整体性为依托重塑农村环境治理体系，以城乡平等互惠、共建共治共享为发展指向探寻城乡“各美其美、美美共生”的生态环境命运共同体路径，是农村环境治理的必由之路⑤。要超越城乡地域生态分离分治传统、打通城乡绿色发展循环通道、补齐城乡生态环境短板、构建城乡融合高质量发展的绿色框架，推进绿色发展的理念、原则、目标等融入城乡融合高质量发展各方面、各环节和全过程⑥。面对农村环境污染与环境治理问题，要以城乡融合为依托，在城乡互动过程中设计农村环境治理体系，有效解决城乡环境二元结构下的城乡环境差，“资源进城、垃圾下乡”等问题，真正发挥农村生态环境功能，提升农村环境治理能力⑦。

---

① 高慧智：《生态资本化：城乡融合的第三次循环》，《城市规划》2022年第7期，第35~45页。

② 习近平：《高举中国特色社会主义伟大旗帜　为全面建设社会主义现代化国家而团结奋斗——在中国共产党第二十次全国代表大会上的报告》，人民出版社，2022，第21~23页。

③ WCED, *Our Common Future* (Oxford: Oxford University Press, 1987).

④ 中共中央文献研究室编《习近平关于社会主义生态文明建设论述摘编》，中央文献出版社，2017，第4~122页。

⑤ 毛渲、王芳：《城乡融合视角下的农村环境治理体系重建》，《西南民族大学学报》（人文社会科学版）2022年第3期，第190~196页。

⑥ 中共中央党史和文献研究院编《习近平关于“三农”工作论述摘编》，中央文献出版社，2019，第34~44页。

⑦ 毛渲、王芳：《城乡融合视角下的农村环境治理体系重建》，《西南民族大学学报》（人文社会科学版）2022年第3期，第190~196页。

第一节　麒麟区生态发展现状与发展模式

2020年，习近平总书记到云南深入生态湿地考察调研时指出，“云南生态地位重要，有自己的优势，关键是要履行好保护的职责”①。生态振兴是推动乡村“五大振兴”的应有之义，是落实乡村“五位一体”总体布局、推进生态文明建设的重要内容。要推进美丽中国建设，坚持山水林田湖草沙一体化保护和系统治理，统筹产业结构调整、污染治理、生态保护，协同推进降碳、减污、扩绿、增长，推进生态优先、节约集约、绿色低碳发展②。在生态振兴上，麒麟区主要聚焦于四大目标：一是农村生态系统健康目标，二是农业资源高效利用目标，三是农业环境污染治理目标，四是农民居住环境改善目标③。自乡村振兴战略实施以来，麒麟区坚持践行习近平生态文明思想，贯彻落实习近平总书记两次考察云南的重要讲话精神，坚持生态优先、绿色发展的理念，在生态文明建设方面取得了重大成就。

一　麒麟区生态发展现状

人类的生存发展离不开自然界，自然界与物质世界共同构成了人类如今赖以生存的世界，人类的生存和发展是建立在自然界提供的物质基础之上的。过去，人类选择征服自然、战胜自然的发展道路，在物质财富实现极大增长的同时，一系列问题也随之而来。环境破坏、生态恶化、资源匮乏、大气污染、水污染等问题给人们的生活带来了巨大的影响，极端天气、臭氧空洞、冰川融化等现象正在威胁着人类的生存安全。立足当下，必须展望未来。面对这个问题，习近平总书记早在2005年就提出了“绿水青山

① 习近平：《论坚持人与自然和谐共生》，中央文献出版社，2022，第82页。

② 习近平：《高举中国特色社会主义伟大旗帜　为全面建设社会主义现代化国家而团结奋斗——在中国共产党第二十次全国代表大会上的报告》，人民出版社，2022。

③ 张灿强：《聚焦四大目标推进生态振兴》，光明网，https://theory.gmw.cn/2021-01/13/content_34538665.htm。

就是金山银山”的科学论断[①]。自乡村振兴战略实施以来，麒麟区围绕“绿水青山就是金山银山”，围绕生态振兴制定了一系列的发展方案，出台了一连串的计划举措，已经取得了较为明显的成效。

（一）重污染企业和行业整改有效，农业绿色转型前景良好

生态振兴要处理好城镇和乡村，农业、工业和服务业，绿水青山和金山银山的关系，以城乡融合发展的“绿色化”变革推动城乡融合高质量发展[②]。面对部分重污染行业企业所造成的环境负担，麒麟区不遗余力地进行整改。首先，持续加强对辖区内越钢钢铁、麒麟区煤化工、盛凯焦化、石林燃化、雄业水泥等重点排污行业企业的监管。其次，消除饮用水水源地环境安全隐患，落实饮用水水源地“划、立、治”三项重点任务，确保水源保护区环境问题整治工作有力推进，水源地保护区煤矿全部关闭退出。最后，开展重点行业土壤污染状况调查，全面落实《土壤污染防治行动计划》，强化土壤污染风险管控和修复，完成辖区内43家企业用地信息采集工作，有效管控土壤环境风险，制定危险废物专项检查工作计划，对辖区内所有重点产污单位及危废经营单位许可证、贮存场所的现场管理情况、危险废物的申报经营情况开展重点排查。

面对农业生产所产生的污染，一方面，政府因地制宜推广畜禽粪污综合利用，检查114个规模养殖场配套土地、还田利用、粪肥检测、处理设施装备配套等情况，规范和引导畜禽养殖场做好养殖废弃物资源化利用工作，畜禽粪污资源化利用项目完工见效。另一方面，推进现代农业提质增效，2021年麒麟区流转土地1.67万亩，建成高标准农田1.85万亩，创建省级“绿色食品牌”产业基地3个，打造绿色有机基地8000亩，认证绿色食品15个[③]，开展绿美乡村建设，加快发展乡村产业，建设“一村

① 《绿水青山就是金山银山（人民论坛）——共建人与自然生命共同体》，http://cpc.people.com.cn/n1/2022/0818/c64387-32505447.html。

② 翟坤周、侯守杰：《“十四五”时期我国城乡融合高质量发展的绿色框架、意蕴及推进方案》，《改革》2020年第11期，第53~68页。

③ 曲靖市麒麟区人民政府地方志办公室编《麒麟区年鉴（2022）》，云南人民出版社，2022。

一品”专业村和田园综合体，发展林下经济，绿色农业发展前景良好。新型农业的不断发展，为本地居民创造了就业机会，村民的生活越来越好，同时生态环境也得到了改善，村民的居住环境越来越美。如今，麒麟区拥有众多的知名品牌，比如越州镇大梨树村的蓝莓、石头寨村的猕猴桃和田园综合体等，真正实现了让村民在家门口就能实现就业致富。

（二）城乡人居环境持续改善，建设宜业宜居美丽家园

生态宜居是乡村振兴的关键[①]，与过去的“村容整洁”的要求相比，其更强调资源的可持续利用、环境的友好，更重视修复和保护生态环境。在打好污染防治攻坚战的同时，其把“宜居”作为价值判断的标准与归宿，在建设美丽乡村的过程中最终实现经济强村的目标[②]。针对生活垃圾、旱厕、危房等，麒麟区开展村庄清洁行动、推进农村人居环境整治，以农村“两污”治理和“厕所革命”为先手，狠抓农村人居环境整治，城镇建成区旱厕全面消除，行政村无害化卫生公厕全面覆盖，人畜混居问题全面解决，村庄生活垃圾全面有效治理。实施乡村建设行动，大力推进村庄规划，持续建设“四好农村路”，加快补齐农村公共基础设施、基本公共服务短板，推动城乡融合发展。

另外，麒麟区还出台了《麒麟区县域农村生活污水治理专项规划》，将8个涉农乡镇（街道）、77个行政村、556个自然村92803户农村生活污水基础信息录入云南省农村污水治理信息平台。2020年荣获“全国村庄清洁行动先进县”称号[③]，2021年被评为“全国村庄清洁行动先进县”，农村人居环境大幅改善。美丽麒麟试点和乡村振兴先行示范点建设成效初显。同时打造田园综合体4个、美丽村庄13个[④]、“美丽公路”100千米，创成

---

① 《中共中央　国务院关于实施乡村振兴战略的意见》，《人民日报》2018年2月5日，第1版。

② 左正龙：《绿色低碳金融服务乡村振兴的机理、困境及路径选择——基于城乡融合发展视角》，《当代经济管理》2022年第1期，第81~89页。

③ 《中央农村工作领导小组办公室　农业农村部关于通报表扬2020年全国村庄清洁行动先进县的通知》，https://www.moa.gov.cn/nybgb/2021/202103/202110/t20211020_6379830.htm。

④ 曲靖市麒麟区人民政府地方志办公室编《麒麟区年鉴（2022）》，云南人民出版社，2022。

“四好农村路”示范镇1个[①]。

（三）维护国家粮食安全，严守耕地红线

耕地红线是我国为了保障国家粮食安全、保护耕地资源、保护生态环境和实现可持续发展所划定的。目前我国的耕地红线标准是18亿亩、基本农田面积为15.6亿亩[②]，云南省的耕地红线要求是9313.66万亩、永久基本农田控制线为7348万亩[③]。作为西部山区大省，云南省的耕地资源宝贵，2021年麒麟区耕地面积63.52万亩，基本农田划定面积31.8万亩，两项指标均未达到市级下达的控制标准（分别为72万亩、45万亩）。为守住耕地红线，麒麟区认真学习宣传贯彻习近平总书记关于耕地保护的重要指示精神，坚决做到“八不准”，以“零容忍”的态度坚决遏制新增乱占耕地建房，严格规范农村建房审批。坚决守住耕地红线，建立健全宅基地管理、乡村建房审批制度，建立健全巡查、发现、报告、处置等工作机制，推动监管制度化、规范化、常态化。同时健全耕地休耕轮作制度、实施耕地地力保护补贴、推进受污染耕地和建设用地管控修复、推进水土环境风险协同防控。

2023年5月，麒麟区召开耕地保护工作会议，强调要坚决扛起耕地保护政治责任，牢牢守住耕地保护红线和粮食安全底线，深化认识、高度警醒。耕地保护事关粮食安全、生态安全和社会发展，是国计民生的头等大事[④]，面对国家粮食安全，每个人都需要有危机意识，要守住耕地红线，防止耕地“非粮化”“非农化”，防止乱占耕地的现象。

二　麒麟区生态发展模式

麒麟区以“增加绿量、提升品质”为主线，围绕“绿美、宜居、特色、

---

① 曲靖市麒麟区人民政府地方志办公室编《麒麟区年鉴（2022）》，云南人民出版社，2022。

② 《耕地红线——生命之线》，https://www.cas.cn/kxcb/kpzw/202012/t20201221_5831474.html。

③ 《云南网：“十三五”期间　云南划定并严守耕地保护红线9313.66万亩》，https://www.yn.gov.cn/ynxwfbt/html/2021/zuixinbaodao_0825/4376.html。

④ 《杨庆东在麒麟区耕地保护工作会议上强调：坚决扛起耕地保护政治责任　牢牢守住耕地保护红线和粮食安全底线》，https://www.ql.gov.cn/news/detail/qlyw/55662.html。

韧性”的要求，本着“以人为本、统筹规划、生态优先、政府引导”的原则，结合麒麟区实际，制定了《麒麟区绿美城市建设三年行动实施方案（2022—2024年）》，着力构建和不断优化城市绿地系统和山水空间格局，转化资源优势，提升城市内涵品质和区域影响力，打造“特色鲜明、景观优美、幸福宜居”的绿美麒麟①。

（一）坚持生态与环境优先发展

麒麟区将“生态立区、环境优先”作为发展战略，以改善环境质量为核心，持续加强生态环境建设，把改善人居环境、打造美丽乡村，助推乡村振兴作为工作重点。在生态发展方面，麒麟区全员参与建设家园，变“生态伤疤”为“亮丽风景”。在“十三五”期间，麒麟区高标准打好污染防治攻坚战，深入实施蓝天碧水净土保卫工程，其中包括全面落实河湖长制、全面消除城市建成区黑臭水体、划定自然保护地、创成国家森林城市等。农村人居环境整治行动深入实施，人畜混居和饮水安全问题全面解决。麒麟区蓝天、碧水、净土“三大保卫战”成效显著，生态环境持续优化②。

2021年，麒麟区重点监督企业达标排放，碳达峰碳中和行动稳步推进，中心城区空气质量优良率达97.2%。水环境生态治理向治本转变，“五库三江四河”水系连通工程提速推进，6个污染治理及生态修复项目加快实施，南盘江、白石江、潇湘江等重点流域水生态环境持续改善。完成308个自然村污水治理工作，农村生活污水治理率达54.04%。畜禽粪污资源化利用整县推进项目全面完工，实施土地整治项目6个，整治土地2.83万亩③。

（二）促进生态美与产业兴相结合

以生态振兴助力产业发展，坚持“围绕生态搞旅游、围绕生态搞产业”的工作思路，依托良好的生态环境，深度挖掘旅游资源，努力把生态优势转变为发展优势。大力发展生态旅游项目，依托本地生态资源，不断完善

---

① 《〈三年行动〉曲靖麒麟区：向“绿”而行　绘就“绿美麒麟”画卷》，https://baijiahao.baidu.com/s? id=1765493856167905555。

② 资料来源：https://data.cnki.net/yearBook/single? id=N2022030056。

③ 纸质材料《2021年曲靖市麒麟区生态环境报告》。

各村旅游度假区的基础设施，加强管理、大力宣传，使生态旅游项目成为麒麟名片，以旅游业来带动第三产业的发展，给村民增收致富带来新路子。为了改善麒麟区的生态环境，区政府将经济发展与生态环境保护结合起来，既发展经济也保护环境，实现经济与生态的双赢，走出一条不同于以往的乡村发展道路。

通过开展乡村旅游，麒麟区打造了珠街涌泉、越州潦浒、文华桂花等一批乡村田园综合体、旅游名村及旅游休闲街区。2021 年麒麟区接待国内外游客超 1000 万人次，实现旅游业总收入 116.17 亿元，有 4A 级旅游景区 2 个、3A 级旅游景区 1 个、3 星级以上旅游酒店 6 家、省级旅游名镇 3 个、旅游名村 4 个、省级民族特色旅游村寨 3 个、省级旅游扶贫示范村 1 个、省级旅游休闲街区 1 个、市级特色旅游村庄 1 个，建成旅游景区（点）6 个，新建特色街区 8 条①。

（三）持续推进绿美麒麟建设和生态示范区建设

麒麟区在生态环境保护方面一直走在前列，发挥着带头示范作用，2011 年被生态环境部授予“国家级生态示范区”称号②。2021 年，麒麟区全力推进“森林曲靖建设”工作，加快国家森林城市创建步伐，已经创建了国家级生态乡镇 2 个，省级生态文明乡镇 5 个，累计创建各级绿色社区 54 个、绿色学校 86 所、市级生态村 56 个、省级环境教育基地 1 个③。截至 2022 年，麒麟区共计 41 个乡村获得了“省级森林乡村”称号。

第二节　麒麟区城乡融合可持续发展助力生态振兴的实践

城乡融合发展不等于城乡一样化或者乡村城市化。在城乡发展过程中，既要注重乡村资源的开发，又要注重乡村环境的保护，不断优化乡村生态

① 曲靖市麒麟区人民政府地方志办公室编《麒麟区年鉴（2022）》，云南人民出版社，2022。

② 《关于授予北京市顺义区等 138 个地区及山东新汶矿区“国家级生态示范区”称号的公告》，https://www.mee.gov.cn/gkml/hbb/bgg/201111/t20111102_219484.htm。

③ 纸质材料《2021 年曲靖市麒麟区生态环境报告》。

环境建设，促进生产、生活、生态融合发展。生态振兴是乡村振兴的重要部分，只有不断深化城乡融合可持续发展的实践，才能更好助力乡村全面振兴。

在城乡融合发展推动生态振兴的过程中，麒麟区开展了一系列高效的实践工作，形成了麒麟区城乡融合可持续发展助力生态振兴的独特实践路径，包括加强乡村生态保护与修复，保障农村生态系统健康；高效利用农业农村资源，推动农业现代化发展；重视农村环境污染防治，促进绿美乡村建设；建设农村生态聚落体系，助力人居环境改善（见图 5-1）。

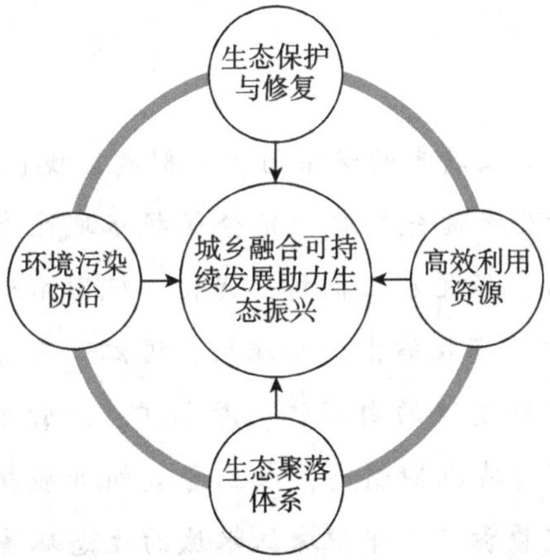

图 5-1　麒麟区城乡融合可持续发展助力生态振兴的实践路径

一　加强乡村生态保护与修复，保障农村生态系统健康

打造健康的农村生态系统，需要提高乡村生态系统的生产力、恢复力和活力，维持生物多样性，重点面向农业生态脆弱区和重要生态功能区，以整体、系统保护为原则，降低人为扰动和利用强度[①]，让良好生态为农村农业农民的进步发展贡献力量。

① 《聚焦四大目标推进生态振兴》，https://theory.gmw.cn/2021-01/13/content_34538665.htm。

（一）统筹山水林田湖草系统治理，降低人为扰动和利用强度

1. 守河有责、守河担责、守河尽责，以“河长制”促“河长治”

麒麟区地处珠江水系的上游，境内的河流众多。为切实保护好水资源，区政府把推进水生态文明建设作为践行“五位一体”总体布局的有效抓手，全面推行“河长制”，对境内25条河流编制了“一河一策”实施方案，因河施策、因水制宜、对症下药、精准发力，坚持防洪与修复生态相结合、水系整治与建设宜居环境相结合、河道整治与打造水景观相结合的治理思路，全力推进水环境的整治工作。

案例5-1：

南盘江被誉为曲靖市的母亲河，是麒麟区境内最主要的河流之一，麒麟区坚持实行生态优先战略，充分保护水域生态自然环境，有效处理居民生活排污，强化水土保持，优化、巩固水环境条件。以护助长是生态环境保护的有效举措，在珠街、沿江、三宝三个街道和越州镇的南盘江主干流及支流的白石江、潇湘江、茨营龙潭河、东山转长河的等珠江水域实行禁渔期制度，成立督查组开展执法巡查工作，督促落实禁渔工作监管责任，守护珠江水域的生态环境。自“河长制”工作开展以来，麒麟区设立三级河长超过200人。同时各级河长认真履职，通过“河长清河、综合治理、水系连通”及“河长+警长+检察长”等措施和机制，多措并举推进“治水、管水、护水”工作。2021年麒麟区累计巡河5700余人次，投入河道保洁资金460万元，累计清理各类水草、浮萍、垃圾2600余吨，清河人数达2万余人次，麒麟区的319条河湖库渠被纳入“河长制”管理，区域内水环境得到了持续的改善，56个区域断面水质逐年向好转变。

2. 大力推进植树造林、生态修复、资源保护

麒麟区认真贯彻落实《云南省乡村振兴战略规划（2018—2022年）》文件的要求，坚持将重点工程造林、社会造林和全民义务植树相结合，围绕

荒山荒地、城镇乡村、交通干道、农田路渠、旅游景区、河湖库区、工矿园区等区域，通盘谋划，合理布局。

案例 5-2：

2022 年，麒麟区完成营造林 6000 亩，其中森林抚育 3000 亩，封山育林 2600 亩，寥廓山南坡造林 300 亩，城市面山造林 100 亩。完成草原修复治理 0.3 万亩，麒麟区森林覆盖率达到了 48.8%，草原综合植被盖度达到了 86.83%。

3. 坚持山水林湖草沙系统治理大格局

麒麟区以“保水、保土、保绿”为目标，大力实施小流域综合治理等水土保持项目，促进土地连片、改善水土条件、打造绿美景观，不断夯实生态经济发展基础。

案例 5-3：

2023 年，国家水土保持重点工程麒麟区笔墨小流域治理项目建设完工，工程总投资近 600 万元，该工程对麒麟区东山镇卑舍村转长河一级支流笔墨小流域的水土流失土地进行综合治理，对坡耕地、荒山荒坡等水土流失区域采取植被恢复等水土保持措施。笔墨小流域各项治理措施的实施，能够把治理污水与调整土地利用结构相结合，使水土流失能够得到有效控制，水土保持防护体系基本建立，居民饮用水安全得到保障，同时对发展流域经济、调整农村产业结构、促进农业发展方式转变、提高农民收入、保障经济和生态“两条腿”走路有着重要的推动作用。

（二）加快转变生产生活方式，促进乡村生态保护与修复

在正确处理经济发展和环境保护的关系上，麒麟区在加快经济结构调

整、从源头上减少环境破坏行为方面狠下功夫。大力推动产业结构优化升级，加快发展先进制造业、高新技术产业和服务业，形成有利于资源节约和环境保护的产业体系。严格执行产业政策和环保标准，下决心淘汰高消耗、高排放、低效益的落后产能，严禁新上浪费资源、污染环境的建设项目，同时大力发展循环经济，推进清洁生产，缓解资源供给不足的矛盾，减少污染物的排放，推进节能、节水、节地、节材和资源综合利用、循环利用，努力实现增产减污。

1. 加快转变增长方式，保护环境

首先，从重经济增长轻环境保护转变为保护环境与经济增长并重，把加强环境保护作为调整经济结构、转变经济增长方式的重要手段，在保护环境中求发展。其次，从环境保护滞后于经济发展转变为环境保护和经济发展同步，做到不欠新账，多还旧账，改变先污染后治理、边治理边破坏的状况。最后，从主要用行政办法保护环境转变为综合运用法律、经济、技术和必要的行政办法解决环境问题，提高环境保护工作水平，为新的发展腾出环境容量和空间。

2. 不断加强对工业污染的预防

工业化的不断推进，也会使产生工业污染的可能性增加。为此，麒麟区始终高度关注本区产业结构与能源结构是否合理、行业污染防治覆盖面是否全面、污染防治技术是否在不断提高等。因此，对于工业污染，麒麟区已通过加快工业结构转型升级、科学规划产业布局、积极推广绿色生产、加速构建绿色低碳技术体系与完善政策支持等进行了一定防治。

3. 建立生态屏障，实现经济发展与环保双赢

麒麟区坚持人与自然和谐发展，守住自然生态安全边界，创立并完善产业生态化与生态产业化融合发展及统筹协调机制，打造农业高质量发展新集群，助力乡村产业振兴与农民增收致富。

一是强化生态屏障建设，因地制宜构建集生态经济综合利用、农业有机废物循环利用、林下农牧菌业立体开发、就地改良培育农田地力等功能于一体的绿色农业开发集群。二是促进一、二、三产业高效融合。充分挖

掘生态农业与乡村景观的多样功能，因势利导开发休闲农业和乡村旅游精品线路，完善配套乡村基础设施。三是瞄准经济发展与环保双赢目标，坚持产业生态化与生态产业化融合发展，推动传统生态农业的转型升级，实现资源循环利用，推进农业清洁生产。

麒麟区还坚持生态优先、绿色发展，稳步实施生态保护、生态治理、生态产业发展等生态帮扶工程。实施经济林增效、林产业增收等生态扶贫项目，大力推进木本粮油林提质增效，发展林下种植养殖业、林下产品加工业等，努力提高低收入人口收入。同时加强对生态护林员的教育培训和考核管理，提升其履职能力和内生动力。创新生态扶贫机制，探索建设生态扶贫专业合作社模式，引导低收入群众参与到生态治理工程中去，促进林区山区群众稳定增收，实现巩固拓展脱贫攻坚成果和生态改善双赢。

案例 5-4：

第一，设立生态护林员。积极争取生态护林员指标，吸纳更多的低收入人口参与森林管护和生态治理，保障他们获得稳定的经济收入。统计汇总各乡镇（街道）具体情况，分项目类别等对各年度的具体情况在专栏内进行填列，有多项项目内容的，可以在专栏内插入多行。第二，退耕还林还草。积极争取将欠发达地区退耕还林需求纳入国家“十四五”退耕还林规划范围，逐年组织安排实施，新增任务指标向欠发达地区倾斜。第三，发展木本粮油产业。扩大木本粮油林种植规模，推动木本粮油林提质增效，做好木本粮油良种推广工作。提升机械化水平，拓宽产品营销渠道，促进产品增销增效，农民增产增收，巩固拓展产业扶贫成果。第四，壮大林下经济产业。实施林下种植、林下养殖、林下采集等。提高优质生态产品供给能力，形成可持续的绿色产业体系。

（三）牢固树立生态文明理念，推动生态成为乡村振兴支撑点

麒麟区深入学习贯彻习近平生态文明思想，牢固树立“绿水青山就是

金山银山”的理念，打好蓝天、碧水、净土保卫战，扎实推进绿美麒麟建设。强力推进麒麟区生态文明示范区创建，进一步细化目标任务、制定工作措施、健全管理制度。《麒麟区生态文明建设示范区创建工作实施方案》中提出了系统推进省级和国家生态文明建设示范区创建工作，并提出着力提升公民的生态环境素养，以环保法治教育培训、绿色系列创建、世界环境日、全国低碳日等为契机，积极组织开展环保志愿服务等活动，发放各类宣传资料，增强公众和企业的生态环保意识。

在人居环境整治中麒麟区夯实美丽宜居乡村建设基础，因地制宜地做好村庄规划，优化空间布局，建设美丽乡村、美丽庭院，打造出人居、人文、景观完美结合的，具有鲜明地方特色的宜居乡村。麒麟区充分发挥群众的主体作用和首创精神，增强群众的主人翁意识，让生态环保理念深入人心。通过实行严格的环境保护制度，倡导和推广清洁能源，逐步完善农村的污水处理设施，完善农村生活污水、垃圾处理体系，持续推进人居环境改善等工作，调动群众环境治理的积极性和主动性，增强群众参与保护绿色家园的意识，实现人与自然的和谐相处。

此外，麒麟区积极倡导绿色建设、绿色生产、绿色流通、绿色生活、绿色消费，推动经济社会全面绿色转型，各族干部群众在践行“同饮一江水、守护珠江源”共同理念中“保护青山、守护绿水”。

二　高效利用农业农村资源，推动农业现代化发展

农业资源的高效利用是推动与实现农业可持续发展的前提和保障，水、耕地、种子和生物资源等都是重要的农业资源，是推进农业绿色发展的重要支撑。麒麟区作为云南省经济与农业大区，在保障粮食安全与推动生态振兴的实践中，就如何高效利用农业资源，促进农业增产、农民增收，实现农业可持续发展，形成了丰富的实践经验。

（一）强化责任担当并以人民群众为中心，推进农业发展

1. 多部门通力强化协作

农业资源的高效利用涉及多任务小组与多部门的协调配合，需要各级

相关部门尽心尽力。麒麟区编制该地区的种植业、渔业、畜牧业、生态农业、农业机械化与扶贫开发的年度及中长期发展规划、城乡区域开发计划，引导与推动农业产业化经营，促进农业产前、产中与产后一体化，促进区内农业向生产专业化、产品商品化、布局区域化和服务社会化方向不断发展。此外，麒麟区还组织实施国家与省、市下达的相关农业项目，对各城乡地区的农业投入资金进行调控管理，开展农民实用技术培训，发放绿色证书，指导与帮扶农民专业合作社、农村合作经济组织和农产品行业协会建设与发展。麒麟区还加强对当地无公害农产品、绿色食品和有机农产品的监测管理，积极推动开展化肥、农药、兽药、农产品和农牧渔业种子(种苗、种畜禽)、饲料等的质量监测、检查和监督管理等工作。

2. 坚持以人民为中心的发展思想

案例 5-5：

克依黑村是东山镇“一中心两循环”的全域旅游中心，花卉、辣椒、果桑、猕猴桃、天麻、重楼等为其特色产业，依托优良的山、水、林、花、草、鸟、石等生态资源和民族文化资源，开发山水观光生态旅游、科普体验、运动拓展等活动，以景村共建的模式，引进曲靖古珍生物科技开发园有限公司，该公司投资 2.5 亿元打造了集休闲娱乐、康体运动功能于一体的克依黑景区。景区规划面积 3386 亩，现已被评为国家 4A 级旅游景区，并纳入云南省乡村旅游目的地经济运行监测管理系统。

克依黑村旅游业的发展，一方面，形成“景区—村—村民—景区”循环发展思路，以村为协调中枢，搭建景区与农户间的桥梁，景区通过旅游发展为农旅文融和园内的农户带来充足客源，农户又为景区提供绿色、生态的地方特色农产品；另一方面，有效衔接第一产业与第三产业，彻底解决融合园区农户的产销一体化问题，建成生态经济圈，为当地的乡村振兴事业做出贡献。在克依黑村的旅游规划和发展方面，克依黑村委会认真贯彻落实区委、镇党委把克依黑建设成为东山镇“最美乡村”和“健康生活目的地”的部署要求，依托产业基础、交通区位、自然禀赋、民族文化等优势，按景村共建、“一中心两循环”的发展思路，以克依黑风景区为中心，生态资源点线面串联成片，形成旅游北循环和南循环格局。将以克依黑村为代表的一批优质田园综合体打造为全省知名的乡村旅游和景村共建示范区。图 5-2 展示了克依黑景区彝族同胞欢迎游客到来的场景。

图 5-2　克依黑景区彝族同胞欢迎游客到来

（二）优化农业结构与产业结构，挖掘农业资源创新潜力

麒麟区针对自身以往农业资源利用不平衡、不充分的现象，积极探索优化结构路径，提升农业资源配置效率。

1. 优化产业结构，提升农业资源禀赋与产业结构匹配度

麒麟区地处温带高原地区，生态类型多样，农业资源禀赋与区域特色鲜明，形成了多个不同农业生态区。针对区域生态特点，区政府明确区域农业发展定位和主攻方向，调整优化农业产业结构，科学合理配置各类农业资源，并推进资源利用方式进一步向集约化、规模化、专业化与绿色化

方向转变。根据区域环境承载能力和自然资源禀赋等，优化农作物种植模式和种植结构等，因地制宜建立科学合理的轮作、休耕和间作套种制度，促进节水抗旱作物新品种研发，大大提高区内农业资源利用效率。

2. 打造生态农业新高地，推进农业资源绿色循环利用

立足资源节约与环境保护，麒麟区推动农业资源的有效开发和高效利用，集成应用绿色高效、节能低碳农产品加工技术，推进农业生产、加工、运输、消费全链条全阶段绿色转型。除此之外，麒麟区打造基于当地农业生态特点生态循环农业发展模式，推动农业废弃物资源化利用，实现了农业生产与生态环境全面协调发展。

3. 推动基础设施新升级，夯实农业资源高效利用基础

麒麟区全方位改善农田基础设施条件，增加粮食生产面积。同时，加大农业水利工程设施建设力度，推广应用高效节水灌溉技术，促进农业水利科研成果转化，有效提高了水资源利用效率。另外，推动农业传统基础设施数字化改造，促进传统基建与新基建融合发展，建设现代化农业基础设施体系。

（三）促进农业技术进步与生态化发展，激发农业资源利用活力

技术创新是农业资源高效利用的有力推手，麒麟区不断强化技术支撑并积极发挥引领作用，不断推进农业关键核心技术攻关，不断激发农业资源高效利用的活力。

1. 以资源节约型技术为底层驱动

麒麟区强化土地节约型技术供给，在保障粮食等重要农产品顺利生产的前提下，集约利用土地资源，通过推广轮作和综合种养等生态种植模式构建绿色增收、高效轮作、提质增效的现代化农业技术体系，推动种地与养地相结合。此外，由于地处缺水的喀斯特地貌地区，当地不断强化水资源节约型技术供给，并根据农作物生长特点、区域水资源条件和气候条件等，优化水资源配置，反对漫灌，积极推广喷灌、滴灌和渗灌等科学高效的节水灌溉技术，充分发挥多县区、多乡镇之间的区域协同效应，提高水资源利用效率。

2. *以劳动节约型技术为主攻方向*

智慧农业是未来农业发展的重要方向，可减少农业农村对劳动力的需求。麒麟区不断推动当地农产品生产与管理等环节的机械化、现代化，推动生态养殖、农产品加工、设施农业等特色产业领域农机装备的更新换代与提档升级，加快高端智能农机装备、农业产业大数据云平台等的研发应用，为实现管理数字化、服务网络化与农业生产智能化不懈努力。

3. *以绿色低碳技术为重要引擎*

麒麟区推动创新资源向农业绿色低碳发展领域倾斜，加大投入力度，推动绿色发展关键技术攻关，因地制宜高效推广绿色农业发展模式，加强水体与土壤重金属污染治理技术研发，加大农业污染控制技术推广力度，实现源头管控和全程治理，不断发展资源节约型、环境友好型、生态保育型“三型”农业技术。

三　重视农村环境污染防治，促进绿美乡村建设

农业是我国的基础产业，影响着其他各行业的稳定发展，生态农业不仅能保障农业生产的持续稳定发展和优质无污染农产品的生产，而且可提供安全、高营养的绿色食品及工业、医药等领域的优质原料。2023年1月31日，麒麟区绿美乡村建设工作调度会议在区农业农村局召开，会议强调，绿美乡村建设是绿美云南建设的重要组成部分，要全力保障农村生态环境项目顺利推进，多措并举扎实开展农村人居环境整治；要压实责任、齐抓共管、建立工作协调机制，形成农业农村部门、党委政府、村组和农民群众多方共建的强大合力。

（一）创新治理机制，由点到面防治污染

一是充分发挥党员的先锋模范作用，党员以身作则做好自家房前屋后的白色垃圾、杂草、生活污水等的清理，发挥好示范作用，并且组成“党员环保志愿服务队”积极参与到村组干部队伍中做好村级环保工作，确保公路、河流沿线无白色垃圾。

二是创新“承包制”，节约资源，将村级公共地段的陈年垃圾采用承包制

承包出去，一定程度上减少垃圾清运人员、车辆及工具，降低清运成本。

三是创新考核机制，提升环保工作成效。乡镇建立对村组的环保工作考核机制，签订年度目标责任书，严格奖惩制度，对于环保工作优秀村组及个人予以表扬；对于工作开展不力的个体、村组以及不配合工作开展工作的养殖户等公开通报，督促整改。

案例 5-6：

卑舍村以爱国卫生“七个专项行动”、文明城市创建为契机，按照“农村生活垃圾处理及时，农村生活污水治理有效，村容村貌提升明显，长效管护机制健全”的原则，做到“各村委会横向对比，各村小组自身纵向对比”，统一服装，实行保洁制，对进入全村境内的重要路段全天候、不间断保洁，确保主干道沿线无白色垃圾，路肩及路边沟渠无杂草、杂物。在东山镇农村环境综合整治月检查评比中，卑舍村连续 15 个月居全镇各村综合得分前三名。除此之外，当地形成了卑舍生活污水巡查机制，严格按照东山镇农村环境综合整治月检查评比要求，全面规范污水处理。

（二）开展环保知识教育，提升群众环保意识

首先，利用广播、电视与短视频等媒体，进行公益宣传；其次，由执法部门开展法律讲座，着力提高公民的环境保护法律意识，增强法律的威慑性；最后，大力开展知识与技术下乡活动，将科学先进的农业生产技术、环保生产技术等推广到农村地区，为农业环境保护工作奠定坚实的知识技术基础。

（三）发展特色循环式农业，将防治污染与发展经济相结合

一是大力发展生态农业与特色农业。从小循环入手，逐步把养殖、种植和林业糅合进去，推动生态系统的能流与物流循环，使农民遵循生态规律来安排、组织家庭的农业生产和经营活动，减少农业自身对环境的污染。二是积极培育和开发绿色食品。绿色食品是遵循可持续发展原则，按照特

定方式生产，且经专门机构认定和许可使用绿色食品标准商标，无污染、安全、优质的营养类食品。麒麟区培育、开发绿色食品，对提高农产品质量、减轻农业环境污染都具有现实意义。三是组织开展农业环境建设，大力发展农业环保产业。农业环保产业作为一种新兴的产业，在麒麟区正蓬勃地发展起来，这体现在水资源、土地资源的保护和开发利用，各种生态工程中的小流域治理，商品粮基地建设，果品基地的建设，无公害蔬菜的种植等方面。农业环保产业既能服务于农业，保障农业生产，也能改善和创造良好的农业生态环境，保护并充分利用农业环境资源，为农业资源的永续利用提供实用技术。

四 建设农村生态聚落体系，助力人居环境改善

改善农村人居环境，是实施乡村振兴战略的重点任务，是农民群众的深切期盼①。农村人居环境直接影响我国整体人居环境的水平，关系到广大农民的健康福祉和社会文明和谐，更关乎国家稳定发展大局。农村人居环境改善要以“厕所革命”、农村垃圾和污水治理以及村容村貌提升为主攻方向，严格防控工业、城镇污染向农村转移。以农村景观化、景区化建设为抓手，补齐农村基础设施短板，加强污染问题防治，提高乡村的宜居度②。

（一）加强农村生态环境突出问题综合治理，提高乡村宜居度

在生态环境治理工作稳步推进情况下，麒麟区的农村生态环境得到了有效改善，但农村生态环境治理方面依然存在许多问题，既阻碍了农村经济实现可持续的发展，又减缓了农村城市化进程。麒麟区通过多举措并行实施来解决农村生态环境中的突出问题。一是全面实施农村厕所革命，二是加强农村生活垃圾治理，三是重点加强农村生活污水治理。同时，麒麟区针对农业灌溉和农村饮水安全保障基础薄弱问题也进行了全面整改，包

① 《5年，农村人居环境将有这些新变化》，http://www.gov.cn/zhengce/2021-12/07/content_5658035.htm。

② 《聚焦四大目标推进生态振兴》，https://theory.gmw.cn/2021-01/13/content_34538665.htm。

括全面消除饮用水水源地的环境安全隐患、全面实施污染治理及生态修复项目，以及全力保障饮水安全。

2022 年，麒麟区深入启动实施生态环境建设三年行动，扎实抓好中央和省级生态环境保护督察反馈问题整改，持续打好蓝天、碧水、净土保卫战，重点抓好水环境综合治理，全力抓好大气污染防治、“散乱污”企业治理、废弃矿山修复等工作，确保用三年时间来解决突出的生态环境问题。未来，麒麟区将以创建国家级生态文明示范区为总目标，以生态环境建设三年行动为总抓手，系统推进生态环境保护、修复、治理，从源头、过程、末端解决生态环境的突出问题，坚决守护好麒麟的碧水、蓝天、净土，推动麒麟区生态环境实现质的提升。

（二）持续改善村容村貌，深化农村人居环境整治

麒麟区按照“基础牢、产业兴、环境美、生活好、党建强”的目标，统筹县域城镇和村庄规划，推进欠发达乡村的水、电、路、气、通信、广播电视、消防等基础设施建设，加快农村改厕、生活垃圾处理和污水治理，改善农村人居环境。加快推进贫困村高标准农田、产业道路、沟渠等生产基础设施建设，继续支持农业农村中小型公益性基础设施建设。建立健全村组公益设施管理使用制度，充分发挥村规民约的作用。

首先是持续改善基础设施和人居环境。麒麟区高标准完善水、电、路、网等硬件基础设施，实现所有村（社区）、村（居）民小组通硬化路、通自来水、通动力电、通广播电视、通宽带网络，有活动场所、有管理机制等，同时农村老旧危房全部拆除率、人畜分居率、村庄道路常态保洁率、生活垃圾有效治理率、村庄房前屋后全面绿化率均有所提升，村容村貌改善明显。其次是实施农村公路提级改造工程。麒麟区通过进村道路硬化或农村公路提级改造工程、主干道路硬化建设或硬化到户、对农户因灾损坏房屋进行重新建设或危房加固、供水质量保障改造工程建设、村庄人居环境整治、村组消防设施建设等多个工程来全面改善农村农民的居住环境。最后是深入开展美丽村庄建设。麒麟区深入开展美丽村庄建设，加快发展乡村产业，建设“一村一品”专业村。

（三）建设农村生态聚落体系，健全人居环境管护长效机制

麒麟区按照“试点先行、重点培育、示范带动、全面推进”思路，在集中建设的15个区级乡村振兴示范点的基础上，投入大量资金持续推进乡村振兴“百千万”示范工程建设。同时，麒麟区坚持强化高原湿地保护与修复，全面保护乡村生态资源成果。

1. 全力开展生物多样性保护

一是建立保护地，在国家重点保护野生动植物集中分布区域建立保护地进行就地保护。二是建立野生动物收容救护机构，区范围内建有麒麟区寥廓山动物园野生动物收容救护机构。三是加强野生动植物监管。2020年起麒麟区开展联合行动16次，出动人员120多人次，检查农贸市场（摊点）、开展普法教育、发放宣传材料、张贴标语，并清查野生动物活动区域、花鸟市场场所、野生动物人工繁育场所、农贸市场等，有效保护野生动植物资源。

2. 开展石漠化综合治理，改善生态环境

麒麟区位于滇东地区，生态地质环境较为脆弱，部分地区石漠化较为明显，一定程度上制约了地区经济的可持续发展。特定的自然环境是石漠化形成的基本条件，人口增长过快、不合理的土地开发等社会因素是形成石漠化的主要因素。为应对石漠化问题，麒麟区开展了岩溶地区第四次石漠化监测工作，通过人工造林、草地改良与禁牧等项目的实施，岩溶区石漠化治理成效显现，区域林草植被得到有效恢复，水土流失有所减缓，生态环境得到一定改善。

3. 开展兴林富民行动，助力乡村振兴

一是打造核桃示范基地，分别在越州镇横大路村、茨营镇海三凹村、潇湘街道轿子山村打造核桃示范基地。

二是探索发展林下经济，通过示范点打造，带动周边农户就业创业，增加农户收入。

三是开展技术培训，组织专业技术人员到村指导农户实施树盘覆盖、耕翻土壤、施肥、嫁接改造、整形修剪、树干涂白、病虫害防治等，通过技术培训提高树木挂果率与抗病虫害能力，从而促进有林地农户增加收入。

4. 提升森林防火能力，确保生态安全

一是压实责任抓安全。麒麟区各级森林草原防灭火指挥所和各村委会严格执行 24 小时值班制度，23 名指挥部成员和区林草局领导双岗轮流带班。

二是抓住重点管火源。麒麟区实行入山人员“扫码”登记制度，相关工作人员详细询问去向。

三是突出典型，广宣传。通过广播、电视、报刊、文化下乡等形式，开展森林草原防火宣传。

四是严格督查促整改。深入各乡镇（街道）实地开展督查，对检查中发现的问题列出交办清单挂牌督办、限期整改。

五是强化准备防大灾。时刻保持战备状态，确保有火拉得出、顶得住、扑得灭。修订完善《麒麟区森林草原火灾应急预案》和森林火灾一级、二级、三级应急处置流程，实战演练上百次。

5. 全面践行生态文明、绿色发展理念

麒麟区把森林乡村建设作为推进实施乡村振兴战略和农村人居环境整治的重要举措，以“三沿一环”、房前屋后、村庄周边、通村道路两侧、河渠池塘、农田林网绿化为重点，大力推进村庄绿化美化，改善农村的人居环境，在乡村自然生态风貌保持、乡村绿化建设、森林资源保护、乡村绿化管护、绿色生态产业发展、乡村生态文化打造等方面取得了实效。此外，麒麟区围绕加快乡村绿化美化、促进乡村人居环境改善和农民增收致富、助力脱贫攻坚和乡村振兴的总体目标，将产业兴旺、生态宜居、乡风文明、治理有效、生活富裕的总要求贯穿始终，实现生态环境治理和林业经济发展双赢，开辟出一条“百姓富、生态美”的绿色发展之路，对推进生态文明建设、改善人居环境发挥了重要标杆作用。

6. 全面推进乡村绿化美化，不断改善乡村人居环境

开展乡村“环境净化、房屋美化、村庄绿化”，塑造“天更蓝、树更绿、水更清、地更净”的麒麟乡村新面貌。以建设生态宜居美丽乡村为目标，采取多树种混交，乔、灌、花立体搭配的方式，以房前屋后、村庄周边、河渠池塘、农田林网、“三沿一环”及通村道路两侧为重点，绿化美化

村内景观，改善居住休闲环境。截至2022年，麒麟区重点排污企业全部达标排放，地表水环境质量稳中趋好，主要大气、水污染物排放总量持续减少，声环境质量保持总体良好，获评国家森林城市、全国生态示范区、省级生态文明建设示范区。

第三节　麒麟区乡村生态发展面临的主要问题

通过上述的分析以及对麒麟区各部门、相关村民等人的访谈可知，麒麟区目前在生态发展带动城乡融合发展过程中还存在以下问题。

一　产业发展和生态保护有待协调

在麒麟区乡村振兴的实现过程中，产业和生态是不同的方面，彼此之间需要有更多的合作和协调，不能顾此失彼、因小失大。例如农业生产过程中会产生一些垃圾废物，有时还存在过度耕种的情况，这会对生态环境造成破坏、损害土壤肥力。产业推动乡村发展，生态重在乡村环境保护，既要保障农业生产效益，也不能破坏农村生态环境，这需要产业发展和生态保护之间达到平衡。

同时，在麒麟区实地走访的过程中发现，部分村民对生态环境的认识不全面，往往只能理解村中所重视、多次强调的生态保护内容，比如垃圾扔到固定地点、不能燃烧秸秆、不能乱砍滥伐等，而对其他更加细节的内容则较为陌生。在当前城乡融合发展和乡村振兴大背景下，要对农村生态保护提出更高更具体的要求，让农民自觉、自发地保护生态环境，在思想和行动上都真正重视生态环境保护，助力“绿美麒麟”宜居宜业和美乡村建设目标的实现。

二　生态保障制度有待健全

近年来，麒麟区生态环境保障制度虽然在不断健全，生态保护力度在不断加大，但是制度体系还需完善、执法力度还需加大。在保障自然环境不受破坏、人居环境干净整洁等方面，制度可以发挥出强大的作用，好的制度能够约束人的行为、促进社会发展。出台相应的配套生态环境保护制度措施，让制度真正发挥出其应有的作用，是麒麟乡村生态振兴过程中不可忽视的一个环节。

当前麒麟区存在生态保护与耕地保护、粮食安全压力的博弈。一是耕地“非粮化”管控压力较大。麒麟区作为曲靖市的政治、经济和文化中心，永久基本农田保护率达 83.73%[①]，保护与发展的矛盾突出，导致耕地保护压力大。二是土地流转与保障粮食种植面积矛盾突出。目前麒麟区坝区很大一部分水稻种植功能区耕地被规模化流转，受土地流转成本和收益比较差距影响，流转土地难以再种植水稻，因此完成上级下达的保证水稻种植面积任务的压力较大。三是群众种粮积极性不高，这主要受种粮比较效益偏低的影响（水田一年坝区两季作物农业亩均收益含人工 600 元左右），而外出务工每月按 2000 元计算，年收益 24000 元。务工收益远超过种粮所带来的收益，导致群众种粮积极性普遍不高，出现群众积极要求进行土地流转（如珠街街道中所村委会、文华街道桂花社区）、不再自己进行耕种管理的现象。

① 《麒麟区 2022 年国民经济和社会发展统计公报》，https://www.ql.gov.cn/news/detail/bmxx/54549.html。

第六章　城乡融合发展强化组织振兴

党的二十大报告中提出，“高质量发展是全面建设社会主义现代化国家的首要任务”，“我们要坚持以推动高质量发展为主题”，“着力提高全要素生产率”，“着力推进城乡融合和区域协调发展”。[①] 随着城镇化快速发展，农村大量人口、资源流到城市，治理资源不足是当前基层社会治理面临的一大难题。在农村流出的各种资源中，乡村政治精英的流出对农村基层社会治理的影响最大，集体经济衰弱的一个原因是村庄中缺乏村民认可的让村民凝聚在一起的平台。内生动力不足的农村社会亟须引入优质治理资源并进行治理机制与制度创新，组织振兴在其中有着不可替代的作用，比如“党建+乡贤”在麒麟区组织振兴中起到了十分重要的桥梁作用。“党建+乡贤”即以基层党组织“五化”——社会治理现代化、经济现代化、人的现代化、生态文明现代化与文化现代化为抓手，赋予乡贤文化新时代意义，为乡村振兴凝贤聚力，提高乡村社会治理效能，其是撬动全要素、全领域、全产业链与全系统，推进城乡融合发展的重要着力点，也是中国式乡村现代化的新实践。与此同时，组织振兴也需要城乡融合发展提供发展平台和资源支持（见图 6-1）。城乡融合发展注重的是城乡之间的经济、社会、文化等方面的协调发展，可以为组织振兴创造良好的外部环境，提供发展机遇，两者在推动乡村发展的过程中，可以互为补充、相互成长，共同推动乡村振兴。

① 习近平：《高举中国特色社会主义伟大旗帜　为全面建设社会主义现代化国家而团结奋斗——在中国共产党第二十次全国代表大会上的报告》，人民出版社，2022，第 28 页。

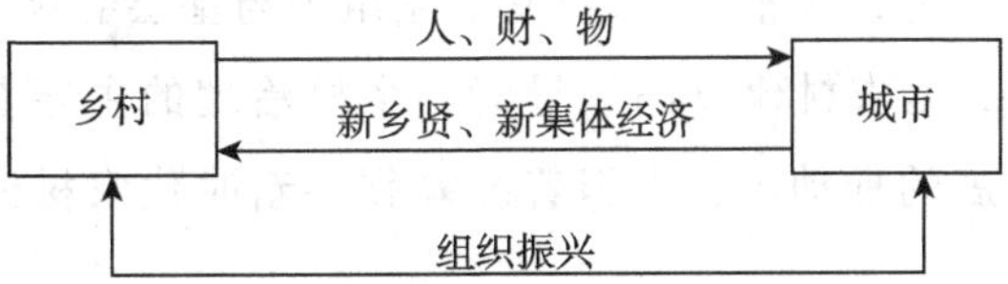

图 6-1　强化组织振兴保障城乡融合

第一节　麒麟区强化组织振兴保障城乡融合发展的模式

“办好农村的事情，实现乡村振兴，关键在党。”[①] 乡村振兴战略是全局性、系统性的举措，必须有坚强的党组织团结广大农民，形成合力。乡村人才流失严重，基层党组织面临人员老化、能力偏弱的困境。中国共产党的“群众本位”思想为基层党建提供了利益整合的规范性原则，要充分践行群众路线，密切联系群众，及时回应群众诉求[②]。依托基层党建盘活和利用乡村治理资源是提升乡村治理效能的有效路径。“乡贤”一词具有悠久的历史，从东汉起，该词就已经成为由官方表彰的荣誉称号出现在各类史料中。在现代社会，乡贤被认为是本乡本土有德行、才能、声望并且为当地人尊敬的贤者，不论古今，乡贤都被认为是德行高尚并为当地社会公共事务做出贡献的人。[③] 乡贤不仅包括长期生活于村庄内口碑好、威望高的年长人士，如退休村干部、老教师、老族长等，还包括长期居住在城市或其他村外地区，依然能够利用自己掌握的资源服务于村庄建设与发展的人。乡贤的引入能够迅速动员各界力量和资源，推动城乡要素流动，解决农村要素短缺的问题，共解乡村治理难题。

一　以过硬基层党建引领乡村振兴

“打铁必须自身硬”，党的建设是基层治理现代化的内核，党的基层组

---

① 《中共中央国务院关于实施乡村振兴战略的意见》，人民出版社，2018，第 61 页。

② 谢晓通：《从自然状态到政治社会：中西视域下的政治建构——兼论当代中国农村基层治理》，《理论月刊》2022 年第 9 期，第 46 页。

③ 王先明：《维系古代基层社会运转的乡贤》，《山西青年》2014 年第 11 期，第 2 页。

织是党的肌体的“神经末梢”，农村基层党组织与基层群众距离最近、联系最广、接触最多，是农村建设的领导者、乡村治理的主导者、农民利益的代表者和农业发展的推动者，承担着统筹领导新时代农村经济社会全面发展的使命①。

截至2022年，为加强党组织自身建设，麒麟区组建了119支由163名市级职级干部、83名区级职级干部、111名镇干部共357人构成的党建引领基层治理工作队，出台工作队管理二十八条措施，持续管好用好46名驻村工作队员，确保每个村（社区）均有不少于3名下沉干部。此外，麒麟区以“双整百千”（整乡推进、整县提升、百村示范、千组晋位）四级联创为抓手，推进农村“多中心合一”和“组网合一”，厘清村级权力边界和职责范围，提高运行效率和办事能力，在完成党支部规范化达标创建三年行动任务的基础上，每年全覆盖开展党支部分析研判和分类晋级活动，落实“四个一”整顿措施[每个软弱涣散村（社区）党组织分别由1名区级领导班子成员联系指导、1名乡镇（街道）党（工）委书记挂包综合整顿、1名第一书记驻点具体整顿、1个区级单位结对帮促]，常态化摸排整顿农村党组织，深入推进“五强五好”村（居）民小组党支部建设，自2012年以来，共发展党员2547名，成立15个党组织②。

二 以“党组织+”新型农村集体经济稳促城乡融合

首先，经济发展是衡量农村基层党组织党建工作成效的重要指标，也是乡村振兴的首要任务和根本前提。习近平总书记在总结改革开放成功经验时提出，各级党组织“必须坚持以发展为第一要务”，“牢牢扭住经济建设这个中心”。③ 在乡村全面振兴五大战略目标中，产业兴旺是经济发展的具体表现，生活富裕是经济发展的根本目的，二者均与经济发展紧密相关。

① 郭秀兰：《深刻理解乡村治理的基本逻辑走好新时代赶考之路》，《经济问题》2021年第11期，第10~16页。

② 《党建引领“五变”融合基层治理显成效》，http://zswldj.1237125.cn/html/qj/ql/2022/11/25/d01599e2-274d-41d8-8ba6-00f7a59a69a5.html。

③ 《习近平谈治国理政》（第三卷），外文出版社，2020，第186页。

乡村治理的成效与经济发展的程度成正相关，经济发展有利于开阔人们眼界，提供治理过程中的人力物力条件，为社会和谐安定奠定物质基础，减少经济发展不足引起的矛盾①。

其次，在促进经济发展方面，麒麟区持续运用“党组织+合作社+农户”的模式，通过产业覆盖与产业链延长，与群众建立利益联结机制，形成规模效益，促进农民增收致富。例如越州镇大梨树蓝莓种植农民专业合作社采取“村集体+农户+建档立卡户+企业”的模式，成立蓝莓协会党支部，发展200余亩标准水肥一体化“蓝莓致富产业园”，促进“资源变股权、资金变股金、农民变股民”，2017年成功举办了国际蓝莓大会，2020年被列为全省“一县一业”蓝莓种植核心基地。2022年茨营采取“党支部+合作社+基地+贫困户”模式，成立10个村级合作社，依托产业优势，发展增收项目②。

最后，麒麟区注重发展村级集体经济，加大力度整合城乡资源，促进城乡融合发展。麒麟区加大支部领办合作社力度，支持合作社开展信息、技术、产品认证、市场营销、社员培训等服务工作。支持合作社开展标准化生产、无公害基地建设、农产品市场营销以及新品种、新技术的引进。截至2022年，麒麟区共有农民专业合作社303个，其中，种植业农民专业合作社176个，养殖业农民专业合作社53个，服务业农民专业合作社50个，渔业农民专业合作社8个，农旅文产业农民专业合作社16个；省级农民专业合作社示范社10个，市级示范社34个，区级示范社38个。茨营镇坚持高端、有机、特色的发展思路，整合各类资金，累计投资6.7亿元，培育农业龙头企业19家，流转土地2.4万亩，年提供就业岗位8000个，群众年均实现务工收入1.2亿元③。

---

① 唐建明：《以基层党建引领新时代乡村振兴：逻辑理路与实践进路——基于湘西十八洞村等脱贫与振兴经验的调查》，《湖南师范大学社会科学学报》2021年第4期，第31~40页。

② 课题组对中共曲靖市麒麟区委组织部的访谈。

③ 《曲靖麒麟区茨营镇“三举措”构建党建引领乡村振兴新格局》，https://zswldj.1237125.cn/html/qj/ql/2022/7/25/800f5f6a-587e-4648-a619-506sa9be157a.html。

案例 6-1：

麒麟区东山镇通过党建引领，切实推进“三联”，带动村级集体经济不断发展。一是平台联建搭台子。搭建村集体经济发展及群众增收致富平台，2019 年，投资 150 余万元建设特色商业街，投资 250 万元对大棚市场进行升级改造，投资 60 余万元对商业街路面进行沥青铺设，投资 15 万余元在集镇内规划停车位 500 余个，推动集镇硬件全面提质。为保证商业街摊位管理到位，新村党组织将资源下沉、服务下沉，把党建阵地建立在了第一线，在市场内设立“红色驿站”，由党员和领导干部轮流在驿站内为群众提供服务，协调解决农贸市场中的日常问题，同时宣传党的理论、政策和方针，免费为群众提供热水、纸杯等物品。二是资源联合固底子。充分利用辖区内煤矿关闭退出后转归集体所有的办公场所，大力招商引资，引进优质企业入驻，在企业入驻事项落地过程中，村党组织提供协调用地、用水、用电、用路等服务，协调企业优先就近用工，实现了对闲置土地、人力资源的充分利用，村企实现共建共赢。三是利益联结扩路子。通过党组织与商户、企业的利益联结，推动群众增收，特色商业街建成后吸引了大量游客，市场销售量大幅增加，商铺的收入成倍增长。①

三　打造“乡贤+”形成基层治理新模式

乡贤作为一种社会力量，在情感上与乡土社会具有亲密性；在治理能力和治理资源上，能成为乡贤或能被称为乡贤的人在乡村社会中必然具有一定的影响力。在基层治理的现代化转型过程中，乡贤参与基层协商非常必要也十分合适，是推动基层协商民主的重要力量。②

① 《麒麟区东山镇：“红色”引领“三联”推动村级集体经济壮大》，https://baijiahao.baidu.com/s?id=1717845036910555539。

② 郑普建：《乡贤参与基层协商民主的实践与探索——以浙江临海“乡贤+治理”模式为例》，《广西社会主义学院学报》2018 年第 4 期，第 55~56 页。

麒麟区充分认识乡贤参与基层社会治理的重要意义，大力激活乡贤这支在基层社会治理中不可或缺的力量，重点打造“乡贤+”基层治理新模式，实现“共商、共建、共治、共享”，绘制了一幅“百姓和顺、乡村和美、社会和谐”的基层治理“新画卷”。把乡贤会作为基层民主协商的新平台、联系在外人才的新桥梁，形成以村（社区）党组织为引领，村（居）民委员会、村（居）务监督委员会、乡贤会（乡贤理事会）相互联动的新型乡村治理体系，推动破解乡村治理难题。麒麟区委把乡贤工作作为“一把手”工程，主要领导亲自部署推进乡贤组织的培育和发展工作，区委书记亲自抓，区纪委监委具体抓，政法、组织、宣传等相关部门协同抓，制定下发了《关于培育和发展乡贤、社贤组织的实施意见》，严守“新乡贤质量不高不选”、“村（社区）书记积极性主动性不强不选”及“社会环境不适宜新乡贤作用发挥不选”的“三不选”原则，将乡贤会作为重要抓手，积极协调指导乡贤会参与平安麒麟、法治麒麟、幸福麒麟建设。明确选贤标准和纳贤程序，严把入口关，从辖区退伍军人、企业家、老党员、老干部、老教师等群体中，把政治上有觉悟、业务上有能力、群众中有威望的乡贤找出来，建立200余人的乡贤智库。依托乡镇（街道）、村（社区）乡贤理事会，以及乡贤联络工作站，架起社贤合作“桥梁”，发挥乡贤在基层治理中的参谋建议、示范引领、桥梁纽带作用。

案例6-2：在兴隆村走访中访谈员与乡贤代表就乡贤发挥的作用开展访谈对话

访谈员：你们是怎么发挥乡贤在里面的作用的呢？

乡贤代表：像田家大院，我家的房子就在里面，原来有19户人家，非常挤，都是分房户。这几年政策好了，在翻修房子，乡贤就在里面起着协调作用，因为大家意见不一致、利益不一致，2017年就开始做这样的工作，致力于解决老百姓的困难。有时政府与老百姓的矛盾不能直接解决，沟通起来也有困难，乡贤就起着这种沟通纽带的作用。而且乡贤在前面做着表率与示范，起着标杆的作用，我在“幸福餐桌”

那里就盖了房子。

访谈员：乡贤在村民纠纷方面起着什么作用呢？

乡贤代表：这方面作用是很大的。组建乡贤会的时候他们就通过暗访、座谈会等形式确定了人选，包括会长（理事长）、副会长（副理事长）和其他成员等，还由街道发了聘书。现在我们随着年岁增长身体不行了，也在想着退休，不过领导很重视我们的作用，现在（我们）仍然很关心这方面的工作。

访谈员：到期后会重新选举吗？

乡贤代表：春节前也开了座谈会商量，会继续落实这项工作，该发聘书的会继续发，不过因为春节放假现在还没实行。我们乡贤会每个村都有成员，3个自然村共有37个，有事时召集开会，不过没有固定的开会时间，大概个把月开一次，汇报村情民意。

四　筑牢“党建+乡贤”作为组织振兴的实施根基

在基层社会治理法治化建设的过程中，如果由政府单方面主导，治理效果往往因为治理手段的单一化和简单化，而不甚理想；如果由群众主体自身负责当地社会治理发展，缺乏行政资源和政策的支持，在实际的治理过程中，抱负与成效往往不成正比。因此，基层社会的治理与建设，应当是政府主导与群众主体参与并行，协同合作，法治与自治携手共进。乡贤的权威与其所依托的组织、团体是联系在一起的。乡贤会的建设，很好地落实了村民自治的本意。因此，政府应当重视乡村基层社会乡贤会等团体的建设，为乡贤提供参与基层社会治理平台，让乡贤在基层社会的治理之中站得住脚。此外，要不断完善乡贤会的组织机制，并进一步建立健全乡贤会的规则和运作体系，明确乡贤会在所属区域内纠纷出现时的人员选派机制。

为保障乡贤作用充分发挥，麒麟区强化组织领导，压实工作责任，健全工作制度，加强教育培训，严明纪律要求，形成推广合力，以务实举措确保乡贤参与基层社会治理工作不折不扣落到实处、取得实效。麒麟区纪委监委在建立健全制度机制上下功夫，建立乡贤与村（社区）、乡镇（街道）沟通联系、办理反馈、情况通报等机制，让乡贤的知情权、参与权和话语权得到保障。建立挂钩联系、定期汇报等工作机制，各乡镇（街道）每月定期将乡贤工作开展情况上报，区纪委监委进行统筹调度，全程跟踪了解试点工作推进情况，及时纠正问题和偏差。不仅如此，麒麟区把党群服务和社会治理中心建成乡贤参与社会治理的重要平台，根据《关于加强市域社会治理现代化基层基础建设的实施方案》，进一步统筹整合资源力量，为乡贤参与基层社会治理做好服务保障，围绕乡贤参与社会治理、引领农村文化、发挥监督作用，在各级党群服务和社会治理中心开展乡贤共议、民主协商、主题党日等活动，同步打造乡贤文化阵地等，让乡贤参与社会治理工作有平台，使其在巩固基层基础、服务基层群众、完善基层治理、推动平安建设上发挥更大作用，以实实在在的成效助推基层社会治理现代化。在助推乡村治理现代化工作的过程中，麒麟区成立专门的工作组，通过召开座谈会征求部分党员群众意见、村党委召开会议审核等程序，确定热心公益、公道正派、有影响力和说服力的离退休干部、教师，道德模范和自主创业的优秀人才，老党员等为乡贤理事会会员，并及时组织召开会员大会，选举出乡贤理事会理事长、副理事长、理事，这些人员科学合理地分布在下辖的村民小组。通过出台专门的乡贤理事会章程以及乡贤理事会参与乡村治理工作规则，明确乡贤会的性质、宗旨等，做到有规可依，有章可循。

五　推广试点经验与具体做法，推动组织振兴

近年来，面对乡村能人稀缺、农技人才短缺与内生动力发展不足等问题，麒麟区总结推广试点做法与成功经验，充分挖掘乡贤资源，凝聚乡贤力量，发挥乡贤补位辅助作用，引导乡贤发挥监督作用，补齐基层监督短板，激发乡贤参与社会治理内生动力。麒麟区“乡贤治理”采取日常工作定期点题式监督、重大项目全程参与式监督、重要点位转换身份嵌入式监

督等方式，加大村级监督力度。在此基础上，持续探索以乡贤参与监督为切入点推进基层社会治理工作，充分发挥乡贤作为村级事务“监督员”、政策法规“宣传员”、矛盾纠纷“调解员”、民情民意“搜集员”、乡风文明“领航员”、地方发展“助推员”的作用，督促干部规范用权、倡导弘扬廉洁文化、共解乡村治理难题，以公道正派、热心村务的正能量助力营造村居“廉生态”。除监督工作外，乡贤们还积极参与到各项重点工作中，积极为社区、小组居民办事。

益宁街道金牛社区在“拆墙透绿”专项行动中有违章建筑需拆除，乡贤理事会积极参与社区工作，收集群众意见96条，成功调解居民矛盾纠纷5起，并配合社区党委进行社区、小组干部廉政家访活动，不断涵养清廉家风，带动优良社风民风。兴龙村乡贤理事会成立以来，乡贤们参与了31次村集体“三重一大”及“四议两公开”监督审核，增强了村级监督力量，不断发挥乡贤参与村（居）务监督的优势。珠街街道按照“自治、法治、德治”三结合的要求，于2018年8月在麒麟区率先试点成立了乡贤会，充分挖掘乡贤的潜能和优势，把乡贤从以往乡村治理的“旁观者”变成了现在乡村治理的“参与者”，积极探索“村两委+乡贤会”的乡村治理新模式，把乡贤会作为基层民主协商的新平台、联系在外人才的新桥梁，形成了以村党委为核心，村民委员会、村务监督委员会、乡贤会相互联动的新型乡村治理体系。① 乡贤理事会的实体化运转，激发了村民参与村级事务的积极性，使村民们深刻意识到“自己的事情自己办、自己的家园自己建”。

目前，麒麟区各村、各社区乡贤正积极领跑在清廉村居建设和助力乡村振兴的第一线，把乡贤的威望优势、乡缘优势和人才优势转化为监督效能，推动基层监督由“内循环”向“外联动”转变。②

---

① 《麒麟区：充分发挥乡贤作用　助力营造村居“廉生态”》，http://www.ynjjjc.gov.cn/html/2022/tiewanfanfu_1011/114196.html。

② 《麒麟区：充分发挥乡贤作用　助力营造村居“廉生态”》，http://www.ynjjjc.gov.cn/html/2022/tiewanfanfu_1011/114196.html。

六　依托“党建+乡贤”做好群众思想引领

思想教育是提升群众组织力并激发群众内生动力的重要方式。思想转化与行为规范是增强群众组织力的必然要求，麒麟区不断加强党建工作，用社会主义核心价值观引领农村居民，提升农村舆论宣传和思想政治工作水平，加强农村精神文明建设，促进乡风文明。

一是铸好“法治”利器。麒麟区建立了以街道、村、组治安联防联控三级网络，大力开展“法律进村”活动，做到“走村不漏户、户户见干部”，推进基层法治上水平。由班子成员牵头，组织相关干部对分管领域、重点群体开展“问题”和“苗头”双重梳理和摸排，做到心中有数、目标清晰，切实为社会大局稳定“保驾护航”。实行党员干部包保责任制，开展进村入户走访活动，重点开展刑事民事问题、矛盾纠纷、黑恶势力摸排，对村内既不黑也不恶但影响很坏的“乱象”进行综合整治。实施“法律明白人”培养工程，组建村级应急处突队伍，建立健全常态化疫情防控、矛盾纠纷排查化解、命案防控等机制，确保社会大局总体平稳。

二是用好“主题党日+”载体做好德治教育。宣讲村风民风、党的政策，听取群众诉求、回应群众关切。利用大喇叭工程，分时段宣讲社会主义核心价值观、习近平新时代中国特色社会主义思想。发挥新思想大讲堂的功能作用，自编自演快板、小品等，切实让党员干部动起来，群众乐起来。

三是培育典型树立新风气。充分发挥好德治引领作用，培育一批“德治带头人”，大力开展“十星级文明户”系列评选活动。例如，珠街中所村充分利用文化广场、长廊、亭台和游园等弘扬文明风尚，开展道德教化，形成崇德向善的良好民风，评选“好公婆、好媳妇、好邻里、好妯娌”，带动形成扶老携幼、移风易俗、和谐发展的村风民风。三宝街道兴龙村近三年共评选“门前五包五好示范户、优秀党员、优秀党支部书记、优秀教师、好公婆、好媳妇、好妯娌”等最美人物 82 人，不断推进形成向上向善的良好风尚。

四是健全道德评议机制。组织热心公益的老党员、群众成立“议事会”，引导和鼓励群众自治组织采取约束性措施，整治婚丧大操大办、高额彩礼、铺张浪费、厚葬薄养等不良习俗。依托端午节、中秋节、春节等传统节日和民族节庆日开展各类“创熟”活动，组织各类群团组织、社会组织开展健康文体活动，推进移风易俗。

案例 6-3：在了解基层治理工作时访谈员与村干部开展的对话

访谈员：村民们对上面环保政策不理解、不支持、不配合的时候怎么办呢？

村干部：比如“三堆”治理少数村民就不理解、不支持、不配合，这就需要包村干部发挥带头作用了，引导村民自行清理门前“三堆”，多做宣传，彻底改变村民随意堆砌现象。

七　构建“党群共治”的乡村社会治理新机制

党的二十大报告中提出，“健全共建共治共享的社会治理制度，提升社会治理效能”，“建设人人有责、人人尽责、人人享有的社会治理共同体”。[①] 麒麟区充分发挥党组织的凝聚力，将群众凝聚起来。发挥党组织的凝聚力，换言之，就是党组织通过嵌入和参与社会其他各类组织和群体，通过发挥党员干部“主心骨”作用，发挥组织优势，将群众凝聚起来。在农村的组织体系中，不是简单的村支两委的组织结构，还有性质各异的各种不同类型的社会组织和经济组织。农村基层党组织是政治性组织，在组织构架中，一方面要占据意识形态的主动权，另一方面要注重发挥引导和监督作用。具体而言，麒麟区构建“党群共治”的乡村社会治理新机制主要采取了如下措施。

一是发挥党员的引领作用。麒麟区通过实施“干部规划家乡行动”，由村委会牵头，广泛吸纳本村各类人员驻村，组建规划编制组，找准群众意

① 习近平：《高举中国特色社会主义伟大旗帜　为全面建设社会主义现代化国家而团结奋斗——在中国共产党第二十次全国代表大会上的报告》，人民出版社，2022，第 54 页。

愿与国家土地政策的结合点，完成村庄规划编制任务。推动党组织书记通过法定渠道兼任村民自治组织、村级合作社主要负责人，村级党组织书记和村（居）民委员会主任“一肩挑”比例达94.78%，在严格执行“三务”公开的基础上，全面落实村级事务党员先知、先议、先办机制，加强村级党组织对同级各类组织的领导①。

二是发挥乡贤的带头作用。通过推行“党建+乡贤理事会”的基层治理模式，打造共建共治共享的新时代城乡社会治理格局，有力地促进了乡村和谐稳定与经济社会协调发展。珠街街道中所村创新了“345”工作法，充分发挥乡贤在乡村治理中的作用，促进民事民议、民事民办、民事民管。通过“推、评、选”3步，从村民中推选出一批热心人、明白人、公道人组成乡贤会。乡贤遵循“坚持党的领导，个人自愿，参谋不决策、到位不越位，无偿奉献”4个原则。制定依章办事、定期会议、挂钩联系、日常监督、闭环管理等5项机制。在规范管理之下，乡贤发挥好村级工作“监督员”、矛盾纠纷“调解员”、经济发展“服务员”、乡风文明“引导员”作用。兴龙村乡贤理事会参与党的十九大精神、党的十九届四中全会精神宣讲3次，参与扫黑除恶、人居环境提升、创建全国文明城市、疫情防控等宣传志愿活动30余次。云南大学原党委书记林文勋心系家乡、率先垂范，带头参与珠街街道中所村乡村建设，形成了“五村共治”的典型经验②。

三是发挥能人示范作用。提高农户特别是生活困难农户参与率，鼓励乡村能人、基层干部、返乡农民工、大中专毕业生领办创办农民合作社，提高合作社影响力和凝聚力。茨营社区组织退伍军人组成红色巡逻队，维护社区治安环境；组织退休教师，以社区群众为学生，上好家风家教这一课，助推“清廉村居”建设。

四是发挥商会的优势作用。麒麟区运用“党建+商会”模式，坚持党建引领商会发展，充分发挥商会人才、资金、资源优势，采取联村发展、共同发展、抱团发展的工作思路，推动商会力量积极参与村集体经济发展谋

---

① 课题组对中共曲靖市麒麟区委组织部的访谈。

② 课题组对中共曲靖市麒麟区委组织部的访谈。

划，组建乡镇（街道）商会 14 个，调动行业技术和信息资源，推动会员向农村投资发展产业，助力打造特色产业①。

五是培育社会力量。麒麟区培育区级社工服务机构 3 家，指导 121 家社区社会组织完成备案。依托区级社会组织培育基地，助力基层治理培训、职业资格考前培训、社工实务技能培训等，255 名学员报名参加社工职业资格考试②。

六是加强村级民主管理。在村（社区）建立人民调解、治安保卫、公共卫生、环境和物业、妇女和儿童工作等下属委员会，推行基层民主协商、民主决策、民主听证，民主恳谈、“两代表一委员”联系基层组织等举措，加强村民委员会民主协商规范建设，实现村民自治、民主管理和社会和谐。广泛动员群众种植树木、清除“三堆”、净化庭院，开展美化绿化净化专项活动，常态化开展爱国卫生“七个专项行动”，全面完善了村庄基础设施，全面消除了村内旱厕，全面改善了村容村貌。

案例 6-4：在哈马寨走访中访谈员与村干部就基层治理开展访谈对话

访谈员：咱们村子村规民约具体管哪方面的问题？是哪里制定的？是本村自己制定还是县里发下来的？什么时候开始有的？这些年有没有变化？现在村规民约在日常生活中管用吗？有什么用？

村干部：村规是由党员、村干部以网格形式制定的，会先征求老百姓意见，村委会研究细化后打印，召集村级代表开会进行表决。每年都有变化，每年逐步完善调整。

访谈员：村民大会还开吗？什么时候开？多久开一次？解决什么问题的时候开？

村干部：开，每个月开一次，中间也会临时开，比如解决土地（纠纷）之类的。

访谈员：本村如果有人违反村规民约的话，如何落实规定中的

① 课题组对中共曲靖市麒麟区委组织部的访谈。
② 课题组对中共曲靖市麒麟区委组织部的访谈。

内容？

村干部： 按照村规治理，按照村规条例处罚。

第二节　麒麟区强化组织振兴推动城乡融合发展的途径

一　提升党组织引领力的主要路径

农村基层党组织是所有农村组织中最具战斗力和引领力的组织，麒麟区在乡村振兴战略布局中从加强基层组织建设、提升组织能力入手，发挥党组织“主心骨”作用，凝聚乡村振兴力量。

（一）夯实基层治理组织基础

两委干部、党员队伍、网格员队伍，这三支队伍是麒麟区基层工作的重要力量。麒麟区牢固树立抓好基层工作的鲜明导向，扎实推进党支部标准化规范化建设，切实增强农村基层党组织战斗堡垒作用。

一是落实中央五级书记抓乡村振兴的部署要求。健全党委统一领导、政府统筹负责、各部门单位全面参与的乡村振兴工作机制。建立乡村振兴工作联席会议制度，定期研究部署乡村振兴重大事项、扶持政策和配套措施。编制村庄规划和具体实施方案，明确责任书、时间表和路线图，一张蓝图绘到底。

二是强化网格治理组织保障。深入推进蜂巢、蜂眼、蜂蜜“三蜂”行动，在乡镇（街道）设一级网格 14 个，在村（社区）设二级网格 134 个，设三级网格 4127 个，细化以楼栋长、单元长为补充形式的网格单元 10264 个，配有专兼职网格员 1 万余名，构建了乡镇（街道）党（工）委-村（社区）党组织-村（居）民小组党支部-网格一体融入的乡村治理格局，有序推动农村疫情防控、矛盾纠纷排查化解等重点工作落实①。

① 《麒麟区：网格“三化”推进社会治理精细化》，https://baijiahao.baidu.com/s? id = 1751505726189047429&wfr = spider&for = pc。

三是坚持以提升村（社区）党组织组织力为重点，推广“红色工圈”“红色农圈”党建联盟模式，探索跨行业、跨层级、跨地域建立党建共同体，实施党员空白村（居）民小组“清零”三年行动。例如，珠街中所村推进“多网合一”，将党建、社会治理、民生保障等各项工作职责整合到网格，开展“平安网格”“清洁网格”评选活动，建立激励机制，与绿币爱心超市挂钩奖励，让管理对象成为责任主体，通过打造“全科网格”，让网格成为民情民意的“情报站”、政策宣传的“桥头堡”。

（二）提升基层组织的治理能力

农村基层党组织的治理能力是党组织自身组织力的外在体现。农村基层党员干部队伍是乡村振兴战略的最直接实施者，其素质、能力、作风，直接关系到党的乡村政策方针的贯彻落实。目前，农村基层党组织带头人大多是本乡本土村民，一般具有熟悉村情、群众基础较好的优势，但综合素质和工作水平有待进一步提高，不同程度地存在思维僵化、观念老化、能力不足等问题，影响和制约乡村振兴①。乡村振兴是一项长期且艰巨的任务，充满活力的高素质党员干部队伍是乡村振兴战略实施的重要保障。勇于自我革命是无产阶级政党区别于其他政党的鲜明品格。习近平总书记基于党长期执政与纯洁性建设需要提出的“四个自我”，是农村基层党组织“修炼内功”、增强自身领导能力的行动指南。自我净化、自我完善是指党组织和党员对自身存在的缺点和不足进行自觉纠正和补足以促使肌体健康发展，是增强组织内聚力的必然要求。

第一，将作风建设放在首位。麒麟区始终将作风建设放在首位，建立健全党员干部考勤考核等制度规范，坚持“三会一课”制度，加强党员的政治学习和党性锻炼。其次是加强村委会领导班子建设。通过换届选举，产生村民委员会主任 54 人、副主任 54 人、委员 162 人，村两委成员 949 人，交叉任职 415 人。麒麟区村两委班子实现了年龄、学历“一降一升”，

---

① 郭晓勇、张静、杨鹏：《党建引领乡村治理：生成逻辑、价值旨归与优化向度》，《西北农林科技大学学报》（社会科学版）2022 年第 5 期，第 1~9 页。

一批群众认可度高、热心为群众服务、年富力强的优秀同志进入村级班子①。

第二，勇于自我革新。自我革新与自我提高是增强组织外吸力的有力保证。麒麟区推进村干部队伍相对职业化建设，持续实施农村“领头雁”和“归雁”工程，储备一批村干部后备力量。例如，越州镇采取部门推荐及个人自荐的方式，将全镇35岁以下年轻干部纳入后备干部培养队伍，由后备干部中的党员组建成青年人才党支部，镇党委书记任青年人才党支部书记，选配综合能力强的支委成员，打牢支部建设组织基础，2022年共向镇直部门输送年轻中层干部15人②。

第三，做到奖罚分明。麒麟区与云南开放大学合作，持续开展村干部学历能力“双提升”行动，由区级领导带队，常态化开展对村干部的分析研判工作，严把资格联审关，常态化开展村霸和庸懒滑贪“四类村官”排查整治，将不符合任职条件的人员清理出去、挡在门外。

长期以来农村基层组织的干部具有农民和干部的双重身份特征，属于“非脱产干部”。受经济因素影响，大部分地区的村干部工资不高，因此在实际工作中，村务工作这一主业变成了副业，村干部将主要精力用于具有直接经济收益的生产性或经营性活动③。麒麟区针对这一问题全面推行村级组织“大岗位制”改革，精减村干部，人数减少29.08%，并确保村（社区）正职、副职、委员岗位补贴分别不低于4500元/月、3500元/月、2500元/月，通过奖优罚劣促使党员干部在履责过程中提高自己的“看家本领”。开展了7轮“五面红旗村（社区）”④推选，发放奖励性绩效4250.89万元，极大地增强了群众集体意识和集体荣誉感⑤。

---

① 课题组对中共曲靖市麒麟区委组织部的访谈。

② 课题组对中共曲靖市麒麟区委组织部的访谈。

③ 夏银平、汪勇：《以农村基层党建引领乡村振兴：内生逻辑与提升路径》，《理论视野》2021年第8期，第80~85页。

④ 即基层党建、产业发展、人居环境、乡村振兴、基层治理“红旗村（社区）”。

⑤ 课题组对中共曲靖市麒麟区委组织部的访谈。

二　凝聚乡贤力量的主要途径

乡村振兴战略背景下，引入外来资源与动员乡土社会内生资源是相辅相成的，仅依靠任何一方面都不足以推动乡村全面振兴。乡贤治村是提升国家治理能力以及重塑国家行政与村庄社会自我服务、自我管理、自我教育均衡秩序的探索。在全国市域社会治理试点城市争创工作中，麒麟区勇当“排头兵”，以新乡贤参与村（居）务监督为切入点，积极探索新乡贤参与村（社区）社会治理模式，通过成立乡贤理事会、乡贤监督工作站等，着力破解基层监督力量薄弱和不愿、不敢、不会监督等难题，构建了政治、自治、法治、德治、智治“五治”融合的基层治理格局，为推进基层社会治理体系和治理能力现代化注入了强大动力。

（一）选贤搭台凝聚力量

一是选准选好乡贤队伍。主要领导亲自部署推进，推动乡贤组织的培育和发展，将乡贤理事会作为践行“枫桥经验”的重要抓手。建立“智库”，明确选贤标准和纳贤程序。麒麟区把政治标准放在首位，坚持“四个必须”“四个不用”，切实把人品正、素质高，敢监督、会监督的乡贤选出来、用起来。“四个必须”即必须拥护党的领导，遵守党的章程；必须具备良好的政治素养、文化素质和身体素质，具有一定政策水平和以法治思维公平公正处理问题的能力；必须敢于坚持原则、敢于担当、勇于作为，热爱监督工作；必须在当地群众中有一定威望，为人处世能力为当地群众所认可。“四个不用”即政治素质差，妄议中央大政方针，破坏党的集中统一的坚决不用；有政治污点，受过刑事处罚或近三年受过纪律处分的坚决不用；“老好人”、无能力、无原则、无底线、搞一团和气的坚决不用；不服从组织安排、拉帮结派、品质不好、道德有瑕疵的坚决不用。明确了“政治上有觉悟、德行上有口碑、专业上有优势、社会上有影响”的选贤标准，麒麟区纪委监委严把选人用人关。同时，规范“依托现有场所、便于联系群众、注重简朴实用、充分结合融合”的场所选择标准，在减轻基层负担的同时，解决个别试点乡贤议事场所与群众联系不紧密的问题。在选贤程序方面，麒麟区明确了个人申请、组织推荐、群众评议、联合审查、张榜公示的选贤程序。

二是搭好工作平台。麒麟区成立乡贤理事会、乡贤参事会，组建乡贤廉情监督员队伍，由乡镇（街道）纪（工）委颁发“乡贤监督员”证书，明晰职责、赋予职权。构建“全科网格”服务体系，引导乡贤进入网格中、行走在网格中，建立起乡贤人士与网格员共驻共建共享格局，积极探索“乡贤参事会+网格化”的乡贤特色网格工作机制，与基层干部队伍共同推进“社情民意在网格中掌握、公共服务在网格中开展、矛盾纠纷在网格中化解、治安防控在网格中加强、民主监督在网格中落实”目标的实现。致力于把乡贤培育成为参与基层社会治理的重要人才，充分挖掘乡贤的潜能和优势，把乡贤会作为基层民主协商的新平台、联系在外人才的新桥梁，形成以村（社区）党组织为引领，村（居）民委员会、村（居）务监督委员会、乡贤会相互联动的新型乡村治理体系，推动破解乡村治理难题。

（二）辅助乡贤带头主动作为

麒麟区发挥乡贤亲缘、人缘、地缘优势，明确乡贤“八员”职责，通过乡贤搭建乡镇（街道）、村（社区）与群众之间联系的“纽带”。乡贤带头主动宣讲乡村振兴、扫黑除恶、防骗防毒、反邪防控等相关法律政策，通过“乡言乡语”让政策法规听得懂、易接受，打通政策宣讲和落实“最后一公里”。结合“进社区、访民情、听民意”活动，组织乡贤开展走访调查，全方位收集社情民意。聘请乡贤担任执法监督员、政风评议员，每半年对基层治理工作开展一次评议，做到执法效果让群众评议，政风政纪让群众监督。组织乡贤进驻“多元矛盾调解超市”，当好“和事佬”，及时化解邻里冲突和家庭纠纷，实现了信息分解、矛盾和解、纠纷调解、诉求得解、积怨释解、相互理解的“六解”工作目标。

麒麟区充分发挥乡贤在群众中威望高、对群众情况了解充分、工作效果好的优势，推动乡贤与乡、村、组干部一起进村入户讲政策，让党的强农惠农富农政策家喻户晓，激发群众的内生发展动力。各试点村乡贤理事会带头开展农村移风易俗宣传教育，引导群众自觉抵制厚葬薄养、人情攀比等陈规陋习，有效遏制了人情往来泛滥、红白喜事奢靡操办等问题。在三宝街道水石公路征地拆迁过程中，乡贤带头拆迁，做家庭成员的思想工作。在殡葬改革中，东山镇法色村乡贤走村入户宣传政策，做群众工作。在东山镇法色村委会上坡农产品交易市场建设工作中，乡贤发挥桥梁作用，走访群众征询意见，妥善解决村委会和村民沟通不畅的问题，确保前期征地工作按时按质完成。各试点村乡贤理事会结合市域社会治理工作，当好监督员、宣传员、调处员，在村级社会事务监督和征地拆迁、脱贫攻坚等工作中发挥了重要作用，帮助解决群众急难问题，成功化解矛盾纠纷。疫情防控期间，麒麟区纪委监委全面整合资源力量，充分调动和发挥乡贤理事会的宣传引领、民主监督作用，切切实实地解难题、做实事，为阻击疫情提供助力。乡贤们主动参与政策宣传、疏解劝导、值班值守等工作，时刻关注家乡疫情防控状况，通过微信群等互联网渠道互通消息，并主动承担起捐赠发动和物资善款监督的责任，第一时间自主捐款，定期听取村（社区）捐赠和使用情况的明细汇报，仔细查看善款和物资收支台账记录，杜绝出现贪污挪用、优亲厚友、先己后人等情况，为疫情防控尽己之力。

（三）评贤励贤健全制度保障

一是出台考评机制。麒麟区出台了专门的乡贤考评机制，对乡贤实行“三级”考核制度，每年由区委区政府、乡镇（街道）、村（社区）评选表彰一批“先进乡贤会”“优秀乡贤”，有效激发乡贤活力，增强乡贤治理效能，推动乡贤治理全面开花、亮点纷呈。鼓励引导乡贤积极参与公共事务决策咨询、基层协商民主建设、矛盾纠纷调解以及脱贫攻坚、全国文明城市创建、人居环境提升、村级重点项目建设等工作，使软弱涣散党组织变成先进基层党组织，治安“乱点”变成平安“亮点”，环境“脏乱差”变成环境“洁净美”。发动乡贤通过“拉家常、话里短”等方式改善干群关系、重振社区士气、凝聚发展合力。益宁、东山、珠街、建宁、沿江等地的乡贤带头人主动为辖区乡村振兴建言献策，并捐资助学济困。近年来，在广大乡贤的积极参与推动下，民事民议、民事民办、民事民治的氛围逐步形成。

二是健全制度机制。麒麟区制定了乡贤理事会章程、参事会章程，规范乡贤理事会列席村委会重要会议、参与重大项目和重大活动，建立“反映—办理—反馈”、监督检查、挂钩联系、考核奖惩、返乡创业激励等机制。麒麟区通过日常工作定期监督、重大项目全程监督、重要点位嵌入监督等方式，对集体“三资”管理、村务财务公开、工程项目建设、惠民政策落实、村组干部廉洁履职等开展监督。麒麟区畅通了乡贤监督员直接向上级纪检监察组织反映问题线索的渠道，提升监督效能。珠街街道涌泉村乡贤理事会监督重点事项提出问题时，由村党总支书记、村委会主任、挂村领导组成的应答小组当场答复。如果问题没有及时解决，乡贤可直接向乡镇（街道）纪（工）委反映。麒麟区依托群众活动场所，建成乡贤之家、“见言堂”、乡贤文化广场等，配备会议室、联络站和活动室，协调固定工作经费。通过“见言堂”，对村两委干部出现的苗头性、倾向性问题，及时咬耳扯袖、红脸出汗，面对面进行批评教育和提醒。

综合而言，麒麟区组织振兴推动城乡融合发展的路径如图 6-2 所示。

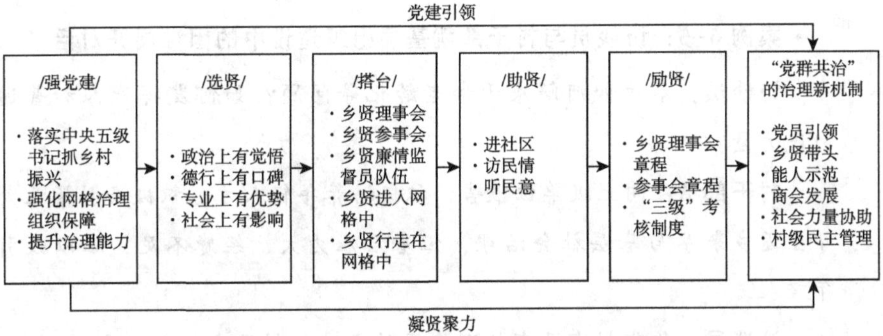

图 6-2　组织振兴推动城乡融合发展的路径

第三节　麒麟区强化组织振兴面临的问题与困难

城市和乡村是相互支撑、相互协调的有机整体，要实现城乡之间一体化联动，既需要运用城市资源要素、产业等辐射带动农村发展，也需发挥农村独特资源优势，增强农村吸引力，促进城乡同发展、共繁荣①。云南地理环境复杂，山地丘陵占地面积大，这给城乡融合发展带来一定困难，使得云南城市与农村的经济发展水平存在较大差距。城乡二元结构明显，导致农村地区的人才流失严重，特别是年轻人大量流向城市，这对基层组织的建设和发展造成了不利影响，农村基层党组织建设和活动开展面临一定困难。

一　基层待遇不高制约组织引才、留才、用才

云南农村地区的经济发展水平相对较低，群众收入待遇和生活条件与城市相比存在一定差距，这对于有一定技能和知识的人才来说，可能会产生较大的挫败感和失望感，从而选择离开。农村基层党组织的工作内容和方向相对固定，可能无法为人才发展提供足够的发展空间，这对于有志向和抱负的人才来说，可能会感到不满足。农村地区的基础设施和生活服务与城市地区存在差距，对人才的吸引力不足。

案例6-5：访谈员与村干部就基层组织建设中的困难展开对话

访谈员：本村如何解决干部老龄化等问题？如何发挥能人和普通村民力量？

村干部A：向上级单位报告，积极培养年轻人才，积极吸引毕业大学生返乡来参与基层社会治理，但基层压力大、经费不足，难以吸引年轻人。

访谈员：你们村有没有特别能干的人，如村民小组长以上村干部、致富带头人等离开了你们村？

村干部A：村干部有，主要是因为工资低。

村干部B：各部门会议较多，压力比较大；上级现场会较多，来一

① 夏安玲：《城乡融合视域下昆明新型城镇化与乡村振兴协同发展研究》，《农机市场》2023年第9期，第70页。

次三分钟，本村准备三天，形式化严重；上级要求汇总报表，细化报表数据，报表较多。

访谈员：您认为有没有好的办法解决基层工作中的形式主义问题？

村干部 B：上级的检查尽量采用暗访的形式，没必要大张旗鼓，暗访才能看到真实的情况，各部门报表相关负责人要起引导作用，更多地把村干部安排出来去服务群众。

二　新型集体经济发展不足制约基层党组织经济引领能力

从中国社会科学院政治学研究所马克思主义政治学理论研究中心主任田改伟的调研情况来看，农村产业经济较好的地区还是少数，基层党组织依然缺少物质基础，可支配的物质资源较少[①]。云南农村居民增收渠道狭窄，工资性收入、转移性收入、财产性收入所占比例较低，绝对收入长期低于全国平均水平，且过度依赖于第一产业。云南农村新型集体经济发展普遍不足，还未在带动村民增收上发挥显著作用。农业农村现代化的发展离不开规模化经营，农村新型集体经济成为整合农村人力、物力资源的有力载体，培育和发展农民合作社被视为促进农村集体经济发展的重要实现路径[②]。数据分析显示耕地为平地的村民参与土地流转的收益大于耕地为山地的村民，表明当前云南部分农村地区还未探索出适合本地特色的农业产业化发展道路。调研中发现麒麟区多山地的乡村资源配置能力相对较弱，难以有效地利用和管理地方资源来发展新型集体经济。农业生产技术和设备相对落后，会影响农产品的生产效率和质量，从而限制新型集体经济的发展。此外，农村地区的市场开发和营销能力较弱，限制了新型集体经济的发展和基层党组织经济引领作用的充分发挥。

---

① 田改伟：《如何提升基层党组织领导力和组织力》，《中国党政干部论坛》2021 年第 2 期，第 54~57 页。

② 王长征、冉曦、冉光和：《农民合作社推进农村产业融合的机制研究——基于生产传统与现代市场的共生视角》，《农业经济问题》2022 年第 10 期，第 60~71 页。

案例 6-6：访谈员与村干部就基层组织建设中的困难展开对话

访谈员：上级党委、政府部门有哪一些你们是觉得任务特别重的？遇到这些工作你们是如何去处理的？

村干部：人居环境、工程提升、生态文明、产业发展等。遇到这些工作就请求上级提供资金支持，促进土地政策的实施。

访谈员：您认为有没有好的办法解决基层工作中的形式主义问题？

村干部：主要是提高工资待遇，取消部分形式主义工作内容，最好进行岗位分析以明确岗位职责。

三　新乡贤参与意愿和能力仍需提高

调研发现，在实践过程中，新乡贤参与乡村治理也面临着一些挑战。首先，传统的乡贤治村模式与熟人社会的需要非常契合，今天的乡村社会发生了巨大变化，熟人社会悄然解体，新乡贤返场面临的多是半熟人，共同体的瓦解导致村民对乡贤的信任和依赖减弱。[①] 其次，年轻乡贤在协调村民关系时，某种程度上还缺乏足够权威，加之在解决矛盾纠纷方面缺乏经验技巧，可能得不到村民认同。最后，随着时代的变迁，新乡贤可能更加关注个人发展和利益，而对传统的乡村治理方式如乡贤会的参与意愿较弱，如果新乡贤在参与乡贤会的过程中感受不到来自社区和社会的认同和尊重，他们可能会对参与乡贤会的活动产生抵触情绪。麒麟区乡贤整体年龄偏大，年轻乡贤主要为经济型乡贤，乡贤的资源（如时间、精力、财力等）有限，不愿在村集体事务上花费过多时间和精力，这可能会限制他们在乡村治理中作用的发挥。识别和挖掘新乡贤需要一套有效的机制和标准，麒麟区挖掘新乡贤的机制尚不完善，吸纳新乡贤多依靠的是新乡贤的乡土情结及情感寄托，可能无法准确识别具有潜力和影响力的新乡贤。此外，培育新乡

① 张君：《新乡贤治村的生成逻辑与实践困境分析》，《农业经济》2020 年第 5 期，第 78～79 页。

贤需要投入大量的资源，包括教育培训、经济支持、政策引导等，作为乡村治理的特殊群体，新乡贤大多是无专门薪资、福利的人员，资金支持的缺乏以及培训制度的缺失影响新乡贤组织活动的积极性及其能力的提升。实现新乡贤在组织振兴中“人尽其才”，提升新乡贤参与乡村治理工作的效率与积极性，是麒麟区进一步完善“善治”有效路径。

案例 6-7：访谈员与村干部就基层组织建设中的困难展开对话

访谈员：你们村现在那些能干的人和走了的那些能人之间是否存在差距？存在哪些差距？为什么有的能人留了下来？

村干部：存在差距的，主要是经济方面的差距。有的能人留下来是老人在家、根在这里、土地丢了可惜等原因。

第七章　城乡融合发展推动乡村振兴麒麟区典型案例

自乡村振兴战略实施以来，麒麟区不断夯实基础、开拓创新，涌现了诸多城乡融合发展推动乡村振兴的“麒麟”案例，如越州镇建立农业现代产业园，推动现代农业规模化发展；三宝街道兴龙村推行“党建+乡贤理事会”乡村治理新模式；东山镇去“黑”转“绿”，助推农旅文融合发展；越州镇与南宁街道创建特色古镇、村寨，助力文化振兴；潇湘街道沙坝村探索壮大村集体经济和土地流转，助力群众增收等。

第一节　越州镇建立农业现代产业园，推动现代农业规模化发展

一　背景

自2017年中央一号文件中提出“建设现代农业产业园”后，党中央、国务院和各部委制定了一系列旨在推动现代农业产业园建设的政策文件，以推动农村一、二、三产业深度融合，提升农业发展质量[①]。建设现代农业产业园是指按照政府搭台、企业（主体）唱戏、农民受益、共享发展的方式，以规模化种养基地为基础，依托农业产业化龙头企业、农民合作组织等新型农业经营主体，通过“生产+加工+科技+流通”，集聚现代生产要素，创新体制机制，大力推进全产业链开发和一、二、三产业融合发展，在一

① 王少妆、杨学儒：《国家现代农业产业园建设与共同富裕》，《南方经济》2022年第12期，第115~133页。

定区域范围，建设技术水平相对较高的现代农业发展平台。在市场化发展进程中，现代农业一元化的发展导致了农业多功能性的丧失，大大制约了农民收入的增加，急需通过一、二、三产业融合发展来实现农业多功能开发、促进农民增收。在此背景下，麒麟区越州镇坚持“绿色、高端、精品”的整体思路，开始走产业园区发展的路子，使产业、就业向园区集中。目前，已初步形成了以种植端为主的现代农业产业园和以销售端为主的冷链物流产业园两个园区（见图 7-1）。

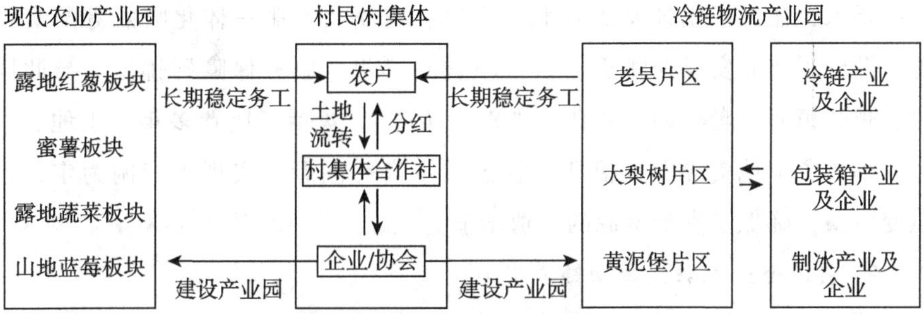

图 7-1　越州镇农业现代产业园运行机制

二　案例简介及主要做法

（一）案例简介

麒麟区现代农业产业园位于麒麟区越州镇境内，总面积 12000 亩，园区基础设施完善，现有曲靖佳沃、恒隆嘉宇、粤源农业、中西农业、城乡投、大梨树蓝莓种植农民专业合作社等 10 家农业龙头企业，68 户蔬菜种植大户，种植蓝莓 5200 亩、露地红葱 3000 亩、露地蔬菜 2100 亩，已初步形成以露地蓝莓和蔬菜种植为主的万亩现代农业产业园，以黄泥堡、大梨树、竹园、潦浒、薛旗为核心带，规划发展 3 万亩现代农业产业园。园区计划总投资 5.4 亿元，全面建成投产后每年可实现农业综合产值 5 亿元以上。

与此同时，越州镇为完善现代农业产业园下游产业链，通过招商引资，投入 8 亿元资金，在 326 国道沿线建设了黄泥堡和老吴 2 个冷链物流产业园，占地 630 亩，年产值 15.4 亿元。目前已建成冷库 120 门，静态库容 8

万立方米，月周转蔬菜24万吨；建制冰厂3个，年制冰20万吨；建包装箱厂5个，年产包装箱7700万只。冷链物流产业园解决了3300人的务工问题，实现务工收入1亿元，同时带动了交通运输业和餐饮住宿业的发展。

（二）主要做法

1. 完善配套设施，奠定产业园基础

越州镇先后完成高标准农田、土地整治、高效节水灌溉等农田水利基础设施建设，完善了园区的沟渠路网配套和供水保障设施，按照现代蔬菜生产要求，建设了基地基础水利、沟渠、道路及水肥一体化喷灌等配套设施，做到了产业发展到哪里，项目跟进到哪里，服务保障到哪里。与此同时，越州镇通过盘活闲置资源，“腾笼换鸟”，盘活了闲置多年的土地、厂房，解决了土地资源闲置浪费、管护成本高等问题，实现了变闲为宝、包袱变财富，确保了资产资源的保值增值。

2. 引进企业入驻，推动链式发展

麒麟区加大招商引资力度，先后入驻粤源农业、曲靖佳沃、恒隆嘉宇、中酉农业、城乡投等10家农业龙头企业，增强了地区规模化种植和抵御风险的能力，建成了集分选、储藏、冷链功能于一体的物流产业园（见表7-1）。优化整合各大线上线下渠道，线上布局天猫生鲜、京东生鲜等多家电商平台，线下触达盒马鲜生、苏鲜生等各大生鲜超市。同时，坚持系统化、产业化发展方向，充分发挥自身优势，不断延伸产业链、服务链，建成集物流仓储配送、信息交流、服务平台等功能于一体的大型现代冷链物流基地，例如中酉农业自投产以来，实现产值3.6亿元，利润1800万元，打造了一个农产品质量安全可追溯的农产品综合服务平台，形成了农产品产、供、销一体的新型农业模式。

表7-1 越州镇现代农业产业园和冷链物流产业园现状

单位：亩

业务板块/片区	入驻企业	规划面积	种植面积/占地面积
露地红葱板块	粤源农业、中酉农业	4400	3000
蜜薯板块	惠丰		3000

续表

业务板块/片区	入驻企业	规划面积	种植面积/占地面积
露地蔬菜板块	祥麟、沃坤	11000	4000
山地蓝莓板块	曲靖佳沃、恒隆嘉宇、大梨树蓝莓种植农民专业合作社	12000	5200
老吴片区	古禾、汇潮、海润、会良		510
大梨树片区			120
黄泥堡片区			120

3. 建立长期利益联结机制，减少用地矛盾

村组通过配套设施后续管护与企业长期联结；合作社通过企业的技术、市场、运输服务等与企业联结，实现双赢；农户通过土地流转和就地务工等与企业联结，实现增收。利益联结增强了村组干部和群众支持企业发展产业的积极性和主动性，减少了企业与群众在土地流转、用工等方面的矛盾，有力地推动了产业园区的发展。产业园区的发展带动土地流转的村委会和小组，每年通过用水、用电、用工服务，有600万元的集体经济收入，带动农户土地流转收入2400万元。现代农业产业园也与建档立卡贫困户联结，大梨树、黄泥堡、薛旗、竹园4个村建档立卡贫困户土地流转213.31亩，受益建档立卡贫困户72户（见表7-2）。

表7-2　现代农业产业园涉及建档立卡贫困户利益联结情况

村委会	土地流转建档立卡贫困户户数（户）	土地流转面积（亩）
黄泥堡村委会	16	41.51
竹园村委会	18	45.69
薛旗村委会	11	40.08
大梨树村委会	27	86.03

产业园为周围农户提供了大量的就业岗位，实现农民离土不离乡、进厂不进城，成为当地剩余劳动力的主要转移场所和吸收器。现代农业产业园可带动农户务工收入8000多万元，占园区综合产值3.8亿元的21%。也就是说，园区有21%的产值留给了农民。

冷链物流产业园中的4家企业共规划建设冷库210门，每门库需操作工人25人，月工资3000~7500元；5家包装箱厂平均每个厂需工人30人，共带动150人就业，月工资6000~8000元。

4. 打造品牌，确保可持续发展

引导企业科学化种植、精细化管理、标准化生产，严把产品质量关，维护好推介好“麒麟山地蓝莓”“麒麟露地蔬菜”两大品牌，确保企业的可持续发展。麒麟区于2017年9月成功召开国际蓝莓大会，累计组织企业参加12次产品推介会，提升麒麟山地蓝莓知名度。2018年注册了“七彩云莓”商标，并获得省级绿色农产品生产基地认证，荣获绿色食品A级认证，“七彩云莓”连续三年（2018~2020年）获“云南十大名果”荣誉。

三 可推广的经验

（一）“公司+基地+农户”模式，提高农业生产经营效率

“公司+基地+农户”的组织模式较“公司+农户”模式更具优势，克服了单纯的“公司+农户”模式的不足，同时延续了它的优点，也改变了“公司+农户”模式下农户与公司签订的协议一般只规定最低保护价格的做法，转变为在规定的收购时限内如市场整体价格低于保护价格则按保护价格收购。这有力保护了农民利益。其中基地可以是当地的农业农村局、农技站、农民合作组织、农场等。在“公司+基地+农户”模式中公司和基地充当中介为农户提供某些服务（技术服务、物资采购、产中的日常管理或标准化的生产规程）。在运作上公司根据市场需要对价格进行预测，通过签订契约与基地约定本年度生产数量、品种及主要品质和技术指标。公司不仅与农户而且也和基地签订协议。在生产过程中有的基地还为农户提供购买生产资料的服务。公司的技术人员一般会在产前、产中、产后对农户进行技术培训。农产品成熟后由基地根据公司与农户签订的种植收购合同进行检验、收购，最后由公司进行最终加工和销售。

（二）引导企业链式发展，推动持续增收

现代农业产业园围绕主导产业发展，科学规划布局育种、种植养殖、

收储、加工、物流、销售和服务等功能板块，物流体系功能的完善升级是农产品电商高质量发展的重要条件。农产品电商销售的主要是生鲜类的农副产品，具有保质期短、容易腐坏、销售损耗大等特点。传统的物流配备使物流公司承担了较大的风险，而物流公司的风险成本又集中转移至农户和消费者，所以急需建立全域化的、多级联动的物流体系，降低物流运输成本，形成从生产加工到冷链物流的产业链可以推动农户和企业持续增收。同时，加强多元化、系列化、品牌化建设，推动园区发展，通过汇集品牌，使其产品市场竞争力不断提升。各产业园发挥资源禀赋优势，推动特色主导产业不断向规模化、标准化、集约化方向发展，逐步构建出规模生产、集中加工、品牌营销、科教服务、休闲旅游融合发展的全产业链发展格局，产业品牌附加值进一步提升。

（三）强化品牌建设，提升品牌价值

品牌化是农业现代化的标志，是全面推进乡村振兴战略实施、助力新发展格局形成的有力抓手。麒麟区加大品牌培育力度，构建起以绿色、有机、地理标志保护、生态原产地产品保护认证为基础，以区域公用品牌为支撑，以企业品牌、产品品牌为补充，驰名商标、著名商标齐头并进，地域特色鲜明的农业品牌体系。实施农产品地理标志登记保护，农产品地理标志登记对于保护传统名优特新农业资源、打造特色农产品区域品牌、促进区域经济发展都具有非常重要的意义，是推进农业供给侧结构性改革的必然选择，是发展特色现代农业的必然选择，是推动资源优势转化为产业优势的必然选择。

四　需要完善的措施与建议

（一）进一步提升农业产业化水平，扩大经营规模

区域内已有龙头企业多数规模偏小，带动能力不强，农企之间的利益联结机制有待进一步完善。农业品牌数量增加但知名度不高。资金融通、扶持投入不足，企业融资难等制约了企业的健康发展和农业产业化水平的提升。需要推动龙头企业规模化集约化发展，完善法人治理结构，推行标

准化管理，加强品牌建设；引导企业增加研发投入，加强人才培养和自主创新，提高市场竞争能力。

（二）进一步提升农业机械化水平，推动农业高质量发展

从农业机械化发展来看，由于受到经济发展、技术和地理环境等因素的影响，越州镇产业园的农业机械化水平仍然不高，制约了农业高质量发展。因此，第一要全面推广池塘养殖全程机械化，加大对工厂化育苗、清淤、增氧、投饵、净化水质、捕捞等机械设施和技术的推广应用力度。第二要提高畜禽规模养殖机械化水平，加大对饲料加工、自动喂饲、网栏温床、畜粪无害化处理等机械设施和技术的推广应用力度。第三要提高种植生产全程机械化水平，在耕作、育秧育苗、播种移栽、水肥管理、植保、采收采摘、加工包装、冷藏保鲜等过程中加大对机械设施和技术的推广应用力度。

（三）增强服务带动能力，促进农户进一步增收

鼓励农民合作社开展连片种植、壮大优势特色产业，开展“三品一标”认证，培育农业品牌，提高产品质量和市场竞争力。鼓励农民合作社延伸产业链条，拓宽服务领域，加强农产品分拣包装、冷藏保鲜、烘干、初加工、仓储物流、技术指导、市场营销等关键环节能力建设。支持农民合作社依法自愿组建联合社，扩大合作规模，提升合作层次，增强市场竞争力和抗风险能力。

第二节　三宝街道兴龙村推行“党建+乡贤理事会”乡村治理新模式

一　案例背景

2019年以来，三宝街道兴龙村按照市、区纪委的要求，以强化基层组织的政治功能和组织力为着力点，紧扣市域社会治理试点工作要求，围绕强化村级监督、创新社会治理的目标，以兴龙村委会作为试点，通过“党

建带动、乡贤联动、群众互动”，推行“党建+乡贤理事会”的基层治理模式，将乡贤理事会助推乡村社会治理作为重要创新课题，积极推进村级乡贤理事会建设，充分发挥各界乡贤和群众的主体作用，引导广大群众积极参与村庄建设和社会治理，打造共建共治共享的新时代城乡社会治理格局，助力乡村振兴。

二 案例简介及主要做法

（一）案例简介

兴龙村乡贤理事会下设亮子、川龙及张官营村民小组3个分会，共有成员37名，其中理事9名、理事长1名、副理事长2名。乡贤会属于兴龙村党委领导下的非营利性社会公益组织，定期或不定期组织开展各类活动，切实发挥不同领域乡贤在服务村级公共事务决策、群众创业致富、矛盾纠纷调解、乡风文明宣传和慈善公益救助等方面的作用，赋能兴龙乡村振兴。

针对农村基层治理存在的薄弱环节，在市、区纪委、监委等部门，以及街道党工委、办事处的精心指导下，兴龙村党委“聚焦民生和谐，特色化推动自治”，积极探索“村委会+村务监督委员会+村民议事会+乡贤理事会”“四会”治村模式，以德高望重的本土精英、功成名就的外出精英为主体，通过“党建带动、乡贤联动、群众互动”，改造亮子村田家大院，设置了新思想大讲堂、孔子学堂、村民议事堂“三堂”，乡贤馆、组织生活馆、乡愁馆“三馆”，并在成立兴龙村乡贤理事会的基础上，发挥乡贤居住在本地的优势，通过有事敞开说、有事要商议、有事马上办、好坏大家评的“说、议、办、评”四个环节，定期举办新思想大宣讲活动，开展文明家庭、最美庭院、道德模范评选，把乡风文明纳入村规民约，实行红黑榜评议机制，组织发动群众参与村级各项事务，制定村规民约“十要十不要”“兴龙村人情新风8条”等制度，全面提升基层社会治理水平，打造“礼义之乡、善美兴龙”。

此外，按照“1238”的工作思路，三宝街道探索推行“党建+乡贤理事会”的基层治理模式，通过“党建带动、乡贤联动、群众互动”，开创了乡村治理新模式。“1”是坚持一核引领，即坚持在党的领导下开展工作。“2”是坚持两项原则，即先行先试的原则和规范化建设的原则。为进一步凝聚乡贤力量，做到场所规范、管理规范、运行规范。场所规范上，对田家大院进行简单的修缮，建设了“三堂三馆”，现已成为小组办公、党员活动、村民议事、群众学习娱乐、乡贤聚集“五位一体”的服务场所。管理规范上，街道党工委、兴龙村党委和乡贤理事会健全了相关的工作机制和规章制度，乡贤理事会严格按照章程开展活动并自觉接受监督。运行规范上，乡贤理事会坚持补位辅助，与村两委形成有益补充，夯实了基层基础，激发了基层治理活力。“3”是聚焦“监督、协调、服务”三大职能。“8”是发挥“民情收集、村级监督、纠纷调处、思想传播、建言献策、公益建设、志愿服务、人才回引”八大作用。

（二）主要做法

1. 强组织、明职责，乡贤理事有方向

出台《三宝街道兴龙村关于实施“村两委+乡贤”工程助推乡村治理现代化工作实施方案》，严格工作要求。一是成立工作组，共摸排各类贤达人士49名，通过召开座谈会、群众推荐、本人申请、组织审核，确定了37名热心公益、公道正派、有影响力和说服力的离退休干部、教师、自主创业的优秀人才、老党员等为乡贤理事会会员。二是组建乡贤理事会，及时组织召开会员大会，按照章程选举产生理事长、副理事长、理事，合理分布在下辖的3个村民小组，保证了每个小组均有2名理事及10名以上会员。

2. 强阵地、建制度，乡贤履职有章可循

一是搭建活动阵地，本着保护、节约和留住乡愁记忆的原则，对亮子村田家大院进行了修缮，并实现了村小组与“三堂三馆”融合。二是村两委出台《兴龙村乡贤理事会参与乡村治理工作规则》，乡贤理事会在村党委领导下开展工作，并赋予理事会成员知情权、建议权等权利和义务。三是乡贤理事会出台了《三宝街道兴龙村委会乡贤理事会章程》，全面明确了乡贤理事会的性质、宗旨等，做到有规可依，有章可循。四是制订活动计划，每月至少开展一次活动，紧扣国家的大政方针政策和村两委的中心工作，开展政策宣讲、村情民意收集、村务财务监督等活动，做到月有活动、年有计划和总结。

3. 强监督、依规程，乡贤监督有规可依

街道纪工委制定《街道纪工委特邀监督员管理办法（试行）》，聘请理事会成员为廉情特邀监督员，发放聘书和监督证，廉情特邀监督员有权列席村级“三重一大”事项决策。同时建立街道纪工委书记与乡贤理事会成员直通互报机制和快查快办反馈机制，对乡贤理事会发现的村组干部作风问题、廉洁问题等，理事长可直接与街道纪工委书记沟通。截至 2022 年，廉情特邀监督员参与村集体“三重一大”及“四议两公开”监督审核 16 次，对疫情防控物资使用情况开展监督检查 11 次；参与烤烟收购分级监督工作，维护烟农正当利益；授权参与经济责任审计监督工作 3 次，并与村委会一道，收回历史遗留的 20 万元押金。

4. 强宣讲、重引导，乡贤凝聚群众有优势

截至 2022 年，乡贤理事会向村两委反馈民意 16 次，涉及人居环境提升、资产资源发包、财务管理等问题；积极响应党的号召，参与党的十九大精神、十九届历次全会精神宣讲 13 次，开展扫黑除恶、人居环境提升、创建全国文明城市、疫情防控等宣传和志愿活动 30 余次；大力开展乡风文明宣传引领工作，制定并出台“兴龙村人情新风 9 条”，通过会议、入户宣传等形式，逐步改变炸炮仗、撑“铜钱”、“丧事喜办”、抬“纸棺材”等丧葬陋习，以及婚事攀比、铺张浪费等行为。

5. 强机制，谋成效，乡贤作用发挥明显

一是热心公益事业发展。乡贤理事会参与制定了《三宝街道兴龙村委会村民卫生公约》，积极牵头协调项目、发动村民进行集资，截至 2022 年筹资 20 余万元参与铺设柏油路 1.5 千米。在新冠疫情防控工作中，乡贤理事会成员捐赠资金、物资共计价值 10 万余元。二是化解矛盾纠纷。乡贤理事会参与让涉及麒师高速路征地的 1600 多名村民公平、满意领取征地款；让涉及田家大院征收的 19 户村民顺利签订协议并领取到补偿款；配合村两委化解矛盾纠纷 50 余起。三是发挥纽带作用。疫情防控期间，乡贤理事会

迅速向村两委反映大部分群众对在兴龙设立“留观点”的担忧和恐慌，村两委联合乡贤理事会成员通过入户发放口罩、“大喇叭”宣传引领和整村消杀等有力有效的防控工作，及时消除了群众的误解。四是助力集体收入增加。针对辖区6家砂石料企业承包价格不合理、破坏生态环境的历史遗留问题，副理事长邓祖荣充分发挥自身作为企业家的优势及与辖区砂石料厂无经济、业务往来的“超然”身份，和村委会一道调研珠街、三宝辖区其他砂石料厂承租价格，对不合理、到期的6个合同进行了清理，并重新组织招投标，增加集体收入200余万元。

三 取得的主要成效

（一）提高了思想高度，形成了周密部署

兴龙村高度重视“党建+乡贤理事会”治理模式，制定了《三宝街道兴龙村委会乡贤理事会章程》，并确定了由村党委书记、村委会主任为组长，村党委副书记为常务副组长，其他三委班子成员为组员的组织领导机构，切实加强基层党组织对新乡贤工作的领导，形成了上下联动、齐抓共管的工作格局。

（二）加强了统筹协调，汇聚了乡贤资源

村委会按照一人一档要求，建立了动态管理的乡贤名录和在外人才信息库，对乡贤的现任职务、联系电话、工作简历等相关信息建档造册，形成了比较完整的资料信息库。根据乡贤理事会会员特长和实际，初步建立了决策咨询“智囊团”、创业致富“导师团”、矛盾纠纷“调解团”、乡风文明“宣讲团”、慈善公益“志愿团”、廉情监督“督导团”等，通过强化组织领导，完善规章制度，乡贤理事会实体化运行。

（三）强化了组织保障，打造了示范品牌

街道党工委和兴龙村党委合力打造乡贤理事会“参事、联谊、宣传”三大平台，不断完善工作机制，由街道、村委会两级出资，在兴龙村委会亮子村民小组田家大院建立乡贤理事会和村民“说事室”，布设乡愁乡情乡

韵氛围浓厚的“乡贤之家”，乡贤理事会实现“六有”（有班子有队伍、有阵地有牌子、有章程有制度、有计划有活动、有组织有保障、有典型有作用）。建立了乡贤理事会列席参加村委会重要会议、重大项目和重大活动制度，街道纪工委在张官营、川龙、亮子3个村小组各聘请2名理事会成员为廉情监督员，发放聘书和监督证，每月收集村情民意，列席村、组“三重一大”事项决策，定期与村两委、村务监督委员会和街道纪工委进行沟通反馈，发挥群众监督力量。

（四）搭建了沟通桥梁，修复了干群关系

乡贤理事会成员积极参与党的精神宣讲，参与兴龙村集体“三重一大”及“四议两公开”监督审核，参与村民矛盾纠纷调解、扫黑除恶、人居环境提升、创建全国文明城市等宣传和志愿活动。通过拉家常话里短的方式进一步消除了群众不正确思想认识。搭建了沟通桥梁，兴龙村乡贤理事会充分发挥引领示范和监督作用，有效融入兴龙村委会的“边扫、边建、边治”工作理念，在村党委、村委会与群众之间搭建了平台和桥梁，进一步密切了党群、干群关系，助力了兴龙发展。

（五）融合了“五大行动”“三项工程”，助力了乡村振兴

在落实街道党工委、办事处确定的2020年“五大行动”（头雁领航行动、五事争先行动、星级创评行动、服务提升行动、强筋壮骨行动）和“三项工程”（阳光议事工程、法律服务工程、家风晾晒工程）的过程中，乡贤理事会充分发挥沟通纽带、建言献策和民主监督作用，进一步发挥常驻、家族、近邻、示范优势，为乡村综合治理注入新力量。

四　可推广的主要经验

（一）以阵地为基，提升乡村治理“引擎力”

一是科学规划推进法治、自治、德治“三治”融合；守法规、守村规、守家规“三规”共治；新思想大讲堂、孔子学堂、村民议事堂“三堂”推动；乡贤馆、乡愁馆、组织生活馆“三馆”博览。二是挖掘本土文化资源

(亮子酒文化、海潮寺佛教文化、乡贤文化、家风文化等)，弘扬时代先进文化（习近平新时代中国特色社会主义思想）。三是着力农村社会治理创新，“三治”融合推动村民自治，并试点探索“四会”治村模式，即“村委会+村务监督委员会+村民议事会+乡贤理事会”治村模式。

（二）以自治为本，提升乡村治理“内生力”

用好“自治”法宝，探索完善“村民说事”制度。通过有事敞开说，有事要商议，有事马上办，好坏大家评的“说、议、办、评”四个环节的实施，组织发动群众参与村级各项事务，切实保障村民的知情权和监督权。一是成立工作组，摸排出各类贤达人士成为兴龙村乡贤理事会会员。二是及时组织召开会员大会，选举出乡贤理事会理事，科学合理分布在下辖的村民小组。三是宣传“兴龙村人情新风”，通过会议、入户宣传等形式，逐步改变丧葬陋习。

（三）以法治为纲，提升乡村治理“硬实力”

铸好“法治”这个利器，建立街道、村、组治安联防联控三级网络，大力开展“法律进村”活动，做到“走村不漏户、户户见干部”，提升基层法治水平。一是抓基础，强化阵地建设。二是整合综治办、驻村警务室、矛盾纠纷调解室的资源，实现“三室”合一。三是实行党员干部包保责任制，开展进村入户走访活动。

（四）以德治为要，提升乡村治理“软实力”

树立“以德化人”理念，用好大喇叭工程，做实“主题党日+”，深入开展文明户、文明家庭评选活动，充分发挥德治的引领作用。一是注重宣传，用好“主题党日+”这个载体，弘扬文明新风，宣讲党的政策。二是培育典型，充分发挥好德治引领作用，培育一批“德治带头人”，通过善行义举榜等形式，大力开展“十星级文明户”系列评选活动。

五　需进一步完善的建议

（一）整合资源，发挥优势，形成合力

向友邻村、友邻街道的理事会学习，正视差距，不断完善，促进兴龙

村乡贤理事会工作再上新台阶。首先，明确乡贤应以“农民”为主体，同时具备“公共性”和“精英性”，两者缺一不可，但最核心的特征是“贤”，积极服务于农民公共利益。其次，培育社会力量，加强村级民主管理。通过乡贤会理事会的带动，加大村民在人民调解、治安保卫、公共卫生、环境和物业、妇女和儿童工作、红白喜事、道德评议方面的参与力度，落实基层民主协商、民主决策、民主听证、“两代表一委员”联系基层组织等举措，加强村民委员会民主协商规范建设。

（二）精细化管理，规范运作流程，完善监督机制

兴龙村乡贤理事会目前仍处于探索和进一步规范之中，在实践中仍然存在管理粗放、运作流程欠规范、监督机制欠完善等问题，可以进一步创新举措，开创新形势下乡贤工作的崭新局面。首先，通过进一步细化乡贤理事会章程以及乡贤理事会参与乡村治理工作规则，来规范运作流程；出台乡贤考评机制或评定管理办法，对乡贤进行考核，由区委区政府、乡镇（街道）、村（社区）评选表彰一批“先进乡贤会”“优秀乡贤”，以有效激发乡贤活力，增强乡贤治理效能。其次，可通过定期组织乡贤培训班，对乡贤加强政策法规、工作技能等方面的培训，帮助新乡贤“走出去”，有机会去链接更多的社会资源，学习乡贤治理的经验，不断完善当地治理模式。

第三节　东山镇去“黑”转“绿”，助推农旅文融合发展

一　发展背景

东山镇地处曲靖市麒麟区东南部，距城区 62 千米，是麒麟区距城区最远、面积最广的山区工农业大镇，与罗平、陆良、富源三县九乡镇接壤，面积 420 平方千米，人口超过 10 万。[①] 辖区内矿产资源丰富，生态景观绚丽多姿，民族风情浓郁生动。但东山镇人均耕地面积少，土壤较为贫瘠，

① 曲靖市麒麟区人民政府地方志办公室编《麒麟区年鉴（2022）》，云南人民出版社，2022。

缺水易旱，分布零散不成规模，农业发展基础相对薄弱，纯农业收入难以满足居民生活需要和全镇发展。相反，当地煤炭资源丰富，采煤历史悠久，顶峰时共有17对煤矿同时开采。煤炭资源的开采和利用对东山的经济发展和人口就业起到了推动作用，为全镇做出了巨大贡献。但与此同时，辖区内的自然生态环境、人文居住环境也遭到了破坏，水土流失严重。

为着力破解依靠煤炭资源发展集体经济的困境，推动绿色发展，东山镇政府决定全面转变发展方式。全镇在牢固树立“绿水青山就是金山银山”理念的基础上，围绕“壮大第一产业、巩固第二产业、发展第三产业”的总体思路，积极推进产业结构调整，突破“因煤而兴，因煤而衰”的困局。此外，为加快企业转型升级步伐、实现高质量跨越式发展，东山镇转变农业发展方式，全面深化一、二、三产业融合。最后，东山镇坚持引领示范带动、因地制宜、突出特色、以人为本、共同参与原则，并且为解决全镇产业单一、特色不突出、知名度不高等问题，不断深化农村改革，着力推动城乡融合发展，打造美丽、宜居乡村。东山镇正是通过文化旅游与乡村产业跨界融合发展，提振农村经济，为全面推进乡村振兴提供新引擎与强劲新动能。

二　案例简介及主要做法

（一）案例简介

东山镇打造从特色农产品生产到加工再到服务体验（旅游观光、休闲度假等）的全产业链发展模式，由第一产业带动第二、三产业融合发展，通过农业、旅游和文化的结合，打造丰富多彩的农业文旅产品，让游客不仅可以享受美景和美食，还可以深入了解和体验当地文化的魅力。通过农旅文有效融合，释放土地、资金、人才等乡村振兴关键要素的活力，创造“1+1+1>3”的实际效果。东山镇政府在认真学习习近平总书记重要讲话精神，贯彻落实省、市、区关于乡村振兴的安排部署的基础上，立足本地实际，推进巩固拓展脱贫攻坚成果与乡村振兴有效衔接，倾力打造了克依黑村和水井村两个乡村振兴示范点，高度重视去“黑”转“绿”，推动农旅文产业融合发展，助力乡村振兴迈上新台阶。

一是大力发展生态高端农业、农产品精深加工业、康养旅游服务业，不断壮大村集体经济，带领群众增收致富，实现农业高质高效、乡村宜居宜业、农民富裕富足，巩固拓展脱贫攻坚成果同乡村振兴有效衔接。二是充分利用本地优势资源，挖掘红色文化、彝族本土文化等地方特色文化，借文化之力、创旅游品牌、拓消费市场。东山镇红色文化资源丰富，如镇史馆、红色文化展馆、林必茂战斗遗址等。同时，东山镇有着丰富的少数民族文化，彝汉杂居。另外，以建设农旅文融合示范区为引领，大力实施全域旅游战略，构建了东山镇“一中心两循环”的全域旅游发展格局。

（二）主要做法

1. 以生态环境为支撑，踏上乡村振兴“绿色路”

为打破传统产业弊端，打破“黑东山”这一固有印象，东山镇严格落实煤炭去产能政策，不仅推动煤矿技改提能，全面实现煤炭机械化开采，充分释放煤炭产能，同时坚持优化布局与转型升级并重、改造提升与承接转移并举，推动传统煤炭产业向高端化、绿色化、智能化方向转变。支持企业技改升级、补链强链、做深做精，着力实现所有煤矿达到省级安全质量标准化矿井标准。此外，还持续做好关闭退出煤矿的复垦复绿工作，构建绿色矿业发展模式。同时以采煤沉陷区治理为契机，建设秀美东山，大力发展全域旅游。

东山镇牢固树立生态文明观，坚决贯彻落实林长制，利用全镇森林资源，培育了生态旅游和生态康养产业，着力推动了美丽乡村建设。东山镇依托农业资源、旅游资源和民俗文化资源等得天独厚的优势，因地制宜打造了以克依黑景区及集镇为中心的“一中心两循环”生态旅游带，广大游客春来看花、夏来捡菌、秋来摘果、冬来赏雪。以深入推进农旅文融合发展为切入点，走出了一条“现代农业+乡村旅游+民俗文化”的特色道路，通过生态修复、景观提升、复垦复绿，把昔日的煤矿厂区打造成了山水交融、青绿交织的农旅文康养休闲度假区，不断满足人民对美好生活的向往，人民群众获得感、幸福感、安全感不断增强。

2. 以农旅文融合发展为契机，寻求产业发展“全新路”

大力发展生态高端农业、农产品精深加工业、康养旅游服务业，推动景区串点成线、连线成片，带动景村共建、和谐共赢，实现集体增利、群众增收。倾力打造克依黑村和水井村乡村振兴示范点，推动农旅文融合发展。全面推动克依黑景区、水井生态观光采摘区、普嘎康养旅游小镇、撒雾嘎万亩草场、石板沟原始森林公园等项目的建设。以克依黑景区为龙头，建设以“赏生态美景、玩特色项目、品天然美食、住精品民宿”为主题的“多彩彝家田园”。充分发挥自然美景优势，建成了集休闲采风、康养旅游、美食民俗体验功能于一体的普嘎旅游康养旅游小镇，以蝴蝶谷为桥梁，实现普嘎康养旅游小镇与克依黑景区连通。

东山镇引领乡村旅游、生态旅游发展新趋势，以旅游康养为方向、生态观光为支撑、历史民族文化为特色，按照“依托资源、突出特色、连片开发”的思路，遵循开发保护和利用并重的原则，走农旅文融合发展之路。

图 7-2 为永佳高原生态农旅文专业合作社辣椒收获现场。

图 7-2　永佳高原生态农旅文专业合作社辣椒收获现场

3. 以“一村一品”为核心，铺就乡村产业“兴旺路”

结合自身实际状况，东山镇探索形成了以特色产业为支撑、以利益联结为纽带、以合力攻坚为重点的发展道路。

一是发展特色产业，突出农业本色。克依黑村委会认真贯彻落实乡村振兴战略部署要求，紧紧围绕田园综合体打造，推动农产品生产、加工、销售与体验休闲农业、乡村旅游等有机整合，农业产业链实现延长，农产品价值有效提升。二是发挥资源优势，打造旅游特色。克依黑村委会紧紧围绕打造东山“乡村旅游目的地”目标要求打造了克依黑风景区，并逐步配套完善旅游基础设施，改造提升并闭合贯通旅游通道，推动了“吃、住、行、游、购、娱”等旅游要素加速聚集，不断提高克依黑景区旅游接待能力。该景区于 2020 年 3 月被云南省旅游景区质量等级评定委员会认定为国家 4A 级旅游景区。三是挖掘文化内涵，打造农业特色旅游文化节。全镇深入挖掘彝族本土文化，使现代农业和精品旅游业有效结合，打造农业特色旅游文化节，丰富群众的文化生活。四是发挥组织优势，创新带动特色产品销售。全镇依托农村集体产权制度改革成立经济合作社，发挥组织优势，“组织搭平台，政府找销路”，建立了“经济合作社+经营主体+成员”发展模式，发挥了转“黑”为“绿”的实际带动效应。

图 7-3 为撒马依村草莓种植基地。

图 7-3　撒马依村草莓种植基地

4. 以社企融合为载体，迈向集体经济“增收路”

东山镇认真研究，厘清发展思路，通过招商引资方式，引进了曲靖联农共创生物科技有限公司和云南名泉西菌业有限公司发展新型农业。从拓宽发展思路上着手，赢得社会信任，跑项目、筹资金，壮大村集体经济。从支持大户发展上发力，强化宣传引导，为产业大户提供土地流转、基础设施等便利，合理收取土地流转费，先后流转土地千余亩给各类种植大户，种植大户每年向村委会支付土地管理费。全镇规模以上固定资产投资由2020年的4.9亿元增长到2022年的8.2亿元，增长了67.3%，2022年地方财政预算收入达7615.01万元。

三　取得的主要成效

（一）惠民增收成效显著

一是去“黑”转“绿”推动农旅文融合带动了农民就业创业与增收。东山镇积极转变发展方式，坚持产业发展绿色化，坚持产业与生态环境协调发展。2022年全镇经济总收入与农民年人均收入均实现了较快增长。通过流转土地、就地务工、自主创业、入股分红、惠民帮扶等方式，东山镇还带动了周边群众增收致富，吸收了大量农民就近务工，实现了村集体经济创收、群众增收。

二是去“黑”转“绿”推动农旅文融合促进了招商引资规模与惠民项目建设规模的不断扩大。在去“黑”转“绿”过程中，东山镇强化系统思维，始终致力改革创新、经济发展，积极引入新业态、竭力打开新思路，有效地缓解了煤炭产业转型升级阵痛。此外，东山镇投资大量资金完成麒师高速公路东山连接线绿化美化亮化工程、九龙河休闲步道落龙至得嘎段道路硬化、污水管网设施建设、独木水厂及管网延伸工程以及石板沟等7个村的管网维修工程、区域电网改造升级和增容项目等。此外，东山镇科学编制国土空间规划，完成了若干规划草案编制、建房审批，牢牢守住耕地保护红线。坚持在保障农民农业基本收入的同时，通过招商引资扩大农民收入渠道。

（二）人居环境全面改善

一是去“黑”转“绿”推动农旅文融合促进了村庄规划更加科学合理。东山镇根据实际情况科学划分区域，对各村庄进行了合理的规划。此外，东山镇全面管控新村建设，从源头上推动实现了农村建设外观统一、风貌协调，建立了村庄规划编制网格化管理制度，城镇乡村面貌焕然一新。

二是去“黑”转“绿”推动农旅文融合促进了生活垃圾治理。东山镇坚持集镇和农村同步并重，探索创新环境卫生管理机制，确保实现了城乡环境卫生治理常态保持。

三是去“黑”转“绿”推动农旅文融合促进了农村“厕所革命”圆满达成阶段目标。自“厕所革命”实施以来，按照上级文件要求，东山镇结合实际制定了《东山镇加快推进农村“厕所革命”实施方案》，明确工作目标、工作原则及工作方法，全力推进“厕所革命”工作，圆满完成了麒麟区下达的目标任务数。

（三）乡村治理保障有力

一是去“黑”转“绿”推动农旅文融合夯实了基层组织基础。去“黑”转“绿”过程中，东山镇坚持和加强党对农业农村工作的领导，健全书记抓、抓书记领导体制，为加快推进乡村振兴注入了新的活力，增添了新鲜“血液”，夯实了基层组织基础。

二是去“黑”转“绿”推动农旅文融合打造了网格化管理新格局。在去“黑”转“绿”中，东山镇各村组干部按照条块结合、属地管理的原则，在村内形成了“横向到边、纵向到底”的管理网格，做到了将网格化管理与维护社会稳定、基层组织建设、精准扶贫、宣传党的惠民政策等活动相结合，让群众“人在网中走，事在格中办”。

三是去“黑”转“绿”推动农旅文融合构建了基层党建新模式。在去“黑”转“绿”中，东山镇按照“5557”工作思路，形成了东山党建工作模式，即五举措夯实基层党组织战斗堡垒、五型党员分类管理提升党建工作精准度，五治融合构建党建引领基层治理新格局，七项承诺展现东山党员干部良好精神风貌。

（四）乡风文明建设扎实推进

一是去“黑”转“绿”推动农旅文融合推进了思想道德建设。去“黑”转“绿”中，东山镇通过农村思想政治教育，协调人际关系，解决思想问题，使群众理解并掌握党的方针、政策，团结奋斗，充分发挥生产和建设的积极性，为农村物质文明和精神文明的发展提供动力。

二是去“黑”转“绿”推动农旅文融合促进了移风易俗行动的开展。东山镇按照有场所、有队伍、有经费、有设备、有活动、有制度的“六有”标准，已建好以一个道德讲堂、一个农家书屋、一个“天天播报站”、一支文艺队伍、一个文化活动室为主体的“五个一”文化宣传阵地，推动了阵地建设规范化、活动开展常态化，推动了移风易俗，弘扬了社会主义核心价值观。

（五）产业升级调整稳步推进

东山镇坚持优化布局与转型升级并重、改造提升与承接转移并举，推动了传统煤炭产业的转型升级，打破了人们对“黑东山”的固有印象。以乡村振兴战略为统领，坚持将壮大村集体经济、带领农民增收致富作为基层党组织建设的出发点和落脚点，一村一特色、一村一亮点，打造“一村一品”党建工程。依托克依黑 4A 级旅游景区、龙潭田煤矿、青源采石场等，带动周边农户务工就业，实现了经济效益、旅游效益、生态效益等多重效益的同步提升。

四　可推广的主要经验

（一）加强主流舆论宣传，推动农旅文融合发展

在去“黑”转“绿”推动农旅文融合发展中，东山镇通过多种形式的宣传手段，提升社会舆论影响力。同时借助网红直播，做好营销宣传。东山镇坚持舆论先行，通过新闻作品等全面展现农业农村发展成就，破除群众固守煤炭资源获得收入的陈旧观念，并及时反映农民群众诉求心声，为东山镇农旅文融合营造了良好的社会舆论环境，推动了去“黑”转“绿”发展进程。

（二）建示范、创特色，推动农旅文融合发展

东山镇坚定走农旅文融合发展之路，以农业发展为第一要务，确保“产”能提升；以旅游赋能为抓手，确保“旅”能彰“文”；以文化铸魂为首要目标，确保“文”能塑“旅”，将文化作为乡村振兴之魂。按照“以农促旅、以旅兴农；以文塑旅、以旅彰文”的农旅文发展方向，树立“特色农业强乡、生态文明立乡、文化旅游兴乡”发展理念，促进农旅文深度融合。以克依黑村、水井村与普嘎村为重点建设乡村振兴示范点，通过精品示范村建设工作，全力创建具有融合特色、创新特质与时代特征的美丽东山乡村建设标杆。通过项目建设与消费平台搭建，大力推进产业扶贫，拓宽民众增收渠道，持续推进消费振兴。

（三）以利益联结促农增收，推动农旅文融合发展

在去“黑”转“绿”推动农旅文融合发展中，东山镇以农民合作社、种养企业及大户带动贫困户发展高原特色农产业，镇扶贫开发公司向贫困户统购大米、红豆、洋芋、禽蛋等农产品，增加贫困户农副产品销售收入。在去“黑”转“绿”中，东山镇通过扶强带弱，让农户成为产业发展的参与者、受益者，同步分享产业发展成果，促进了产业良性发展，推动了乡村振兴。同时，东山镇积极推行“党组织+新主体+新业态+群众+村集体经济”等利益联结机制，建立农企帮扶共同体、经济共同体、利益共同体，可确保农户有工可打、有业可从、有企可带、有股可入、有利可获，实现稳定就业、稳步增收，从而有效促进农旅文融合。

（四）因地制宜选准产业，推动农旅文融合发展

在去“黑”转“绿”推动农旅文融合发展中，东山镇立足资源优势，坚持效益导向、市场导向，科学合理地确定产业发展方向，调优产业布局和结构，实现了集中资源办大事，精准发力争项目、争资金，避免了“反复折腾”“雨露均沾”等情况，也避免了路径错位、资金错位、主体错位。东山镇在加快“农旅文一体发展”中坚持要素融合，完善土地政策、创新融资机制、加强人才培养等，以此凝聚乡村振兴合力，实现农村增色、农业增效、生态增优、文化增智的发展目标。

五 进一步完善的建议

（一）加快补齐农村基础设施短板，打牢农旅文产业融合发展基础

在去“黑”转“绿”推动农旅文产业融合发展中，东山镇一方面应进一步加强“五网”建设，全面保障人畜饮水安全，兴修农田水利，完善喷灌、滴灌、管灌及相关灌溉配套设施，推进南北片区高标准农田建设；加强旅游道路建设，实现旅游通道全硬化；进一步落实好卫生、教育等政策，保障民生福祉。另一方面还应按照扫好地、管好水、种好树、改好厕、建好房的要求，推进爱国卫生“七个专项行动”，加快推进“一水两污”治理工程，坚持绿水青山就是金山银山的发展理念，加快深入实施绿满东山行动。

（二）加快产业结构优化升级，持续优化农旅文深度融合条件

在去“黑”转“绿”推动农旅文产业融合发展中，东山镇应在巩固传统烤烟产业、保证粮食安全的基础上，按照“高端、有机、特色”总体发展思路，不断提升农业机械化、农业现代化水平。大力发展树莓、苹果等高经济效益产业，拓展药用牡丹、食用玫瑰及中草药等特种作物规模，扶持花卉、食用菌等产业发展，以培育农业新产业、新业态为重点，着力解决农业产业链中的断点堵点问题，积极培育一批农产品加工企业，构建农产品深加工产业体系，有效带动农业产业提质增效。另外，东山镇还应全力做好矿村矛盾纠纷调处工作，积极培育壮大建筑建材、陶瓷、矿泉水、生物能源等产业，持续提高劳务输出组织化水平，加快农村富余劳动力转移。

第四节 越州镇与南宁街道创建特色古镇、村寨，助力文化振兴

一 案例背景

在乡村振兴的进程中，文化振兴起到了提供强大精神动力的作用。麒

麟区在乡村振兴进程中，充分发挥地域文化特色优势，在乡村振兴战略提出之前就积极推动文化旅游产业发展，助力当地经济社会发展。麒麟区积极探索文化振兴的路径，其中较为突出的是越州镇潦浒古镇的建设与南宁街道黄家庄社区雨钵彝族特色村寨的创建。

潦浒隶属于曲靖市麒麟区越州镇，是一座因陶而兴的千年陶瓷古镇。这里分布着大大小小的陶瓷作坊，是曲靖有名的陶瓷之乡。从宋代开始烧制砖瓦到明清时期发展成为曲靖地区最大的陶瓷集镇。民国期间兴办陶瓷工厂，生产瓷器，陶业、瓷业双驱发展，形成生产与销售一体化市场，成为云南重要的陶瓷集散地、中国西部地区最大的日用瓷生产基地、活态陶瓷窑炉博物馆。潦浒至今还保存 12 条龙窑（其中 9 条仍在使用），有省级工艺美术师 1 人，区级非物质文化传承人 9 人，正在申报省级非物质文化传承人 4 人。有瓷厂 3 家，陶瓷制造企业 50 余家，涌现了天目釉、龙窑柴烧、古建砖瓦等多样化陶瓷产品，2019 年陶瓷产值达 5 亿元以上。

图 7-4 为麒麟区越州镇潦浒古镇风貌。

图 7-4　麒麟区越州镇潦浒古镇

麒麟区南宁街道黄家庄社区雨钵彝族村位于麒麟区城东郊，是麒麟城郊唯一一个彝族聚居村，村内民族传统文化保存比较完整，彝族风情浓郁。该村按照《关于做好云南少数民族特色村寨保护与发展试点工作的实施意见》的要求，通过民族特色村寨保护与发展的试点建设，进一步弘扬优秀民族传统文化、发展民族地区经济，构建团结和谐云南，实现民族地区经济发展和民族文化传承、生态保护相协调的目标。南宁街道办事处黄家庄社区雨钵彝族特色村的创建，旨在保护彝族文化、改善彝族村基础设施，由此进一步促进当地各项事业快速发展，进而推动民族地区的团结互助、和谐发展和繁荣进步。

目前，越州镇潦浒古镇的建设与南宁街道黄家庄社区雨钵彝族特色村寨的创建均取得了不错的成果，形成了一系列可复制、易推广的典型经验。

二　案例简介及主要做法

（一）案例简介

1. 越州镇潦浒古镇建设

麒麟区越州镇的潦浒村借助古陶文化、爨文化、龙窑文化的魅力，打造独一无二的爨乡古陶文化艺术古镇。潦浒有丰富的陶瓷土矿物资源及天然的釉土资源，仅陶瓷土就有五色土（又名花红土）、大白土、金刚泥、沙泥土、白果青泥等五个种类，且储量大、埋藏浅。民国时期建立现代意义上的陶瓷工厂，生产瓷器，潦浒古陶作为潦浒的特色历史文化产品，走向了全国的市场。

图 7-5 为崔家龙窑。

图 7-5　崔家龙窑

2016年以来，潦浒古镇坚持规划与建设同步、保护与开发并重、传承与创新并举的产业发展思路，通过资源联合、项目联建、部门联动、效益联享，聚力加速推进以潦浒大村为核心的区域建设进程，逐步实现从“制造陶瓷”向“文化陶瓷”的华丽转身。2017年潦浒大村被列为第四批中国传统村落，2018年潦浒土陶被列入省级第三批非物质文化遗产名录。

2. 南宁街道办事处黄家庄社区雨钵彝族特色村建设

根据《云南省人民政府关于加快推进民族特色村寨建设工作的意见》（云政发〔2013〕101号）、《关于转发省民委十县百乡千村万户示范点创建工程三年行动计划示范点名单的通知》（曲民宗〔2014〕3号）、《关于做好云南少数民族特色村寨保护与发展工作的指导意见》文件精神，曲靖市民宗委、麒麟区委区政府、麒麟区民宗侨务局、南宁街道党工委等各级部门共同对雨钵村进行认真考察。雨钵村是一个少数民族聚居的自然村，黄家庄旅游小镇辐射村内，交通便利，自然环境优越，气候条件较好。通过扶持建设保护，该村的自我发展和管理能力提升，生产生活设施明显改善，居民收入稳步提高。村寨环境优美，群众奋发向上，文化体育活动健康丰富，“生产发展、生活富裕、乡风文明、村容整洁、管理民主、民族关系和谐、民族特色得到有效保护”的建设目标达成，在增进民族团结，促进少数民族和民族地区经济社会发展中起到示范带动作用。

麒麟区委区政府领导多次实地调研，决定对雨钵村进行民族特色保护建设开发，召开会议，对雨钵彝族特色村开发与建设问题进行了专题研究和安排部署。麒麟区民宗侨务局和南宁街道办事处牵头，组织相关部门技术人员共8人，实地收集有关资料，对项目片区的自然条件、社会经济状况、基础设施情况等做了调查，在对项目片区内自然资源条件、社会经济状况及今后发展目标认真分析后，根据麒麟区“十二五”规划，提出以打造特色观光农业、彝族文化传承中心、彝族文化活动广场等为主要内容的特色村建设规划。

（二）主要做法

1. 越州镇潦浒古镇建设

一是完成潦浒大村3.2平方千米地形图测绘，初步形成了以陶瓷产业文化特色、老街传统古村落特色、山水自然景观特色“三大特色”为主导的潦浒陶瓷旅游小镇规划和传统村落保护发展规划。推进潦浒田园综合体建设，全面改善乡村人居环境，硬化村内道路8条，新建水冲式公厕20座(旅游厕所1座)，清除垃圾180个点位，新建花池并绿化82个点位，改造自来水管网300余米，投放50余个垃圾箱体。

二是对潦浒老街片区和古龙窑片区古桥、老房、老井、老树、龙窑等进行挂牌管理维护；征收龙窑周边土地8亩，拆除部分周边建筑，最大限度保持窑体原貌；对辖区内陶瓷个体作坊店面进行改造提升；对许家2个院子进行修缮和绿化；修复广济桥，增建广缘桥，打造了“猫猫石码头”；创意布局了陶瓷景观、农事景观；建成了集陶瓷陈列室、党员活动中心、陶艺创客中心、陶艺展示中心于一体的党群服务中心。加强对古龙窑的保护利用，修复新窑、唐家窑和许家大院，9条龙窑申报为区级文物保护单位。

三是打造了文化宣传、产品展销一体化的陶瓷一条街，用陶瓷制品和文化上墙点缀老街、用景观植物绿化古道，完成以党建文化、陶瓷文化、企业文化为主题的浮雕墙体宣传画60幅2400平方米。先后组织16户制陶户参加第三届中国国际进口博览会和昆明国际民族民间工艺美术品博览会。新建土陶一条街，建成陶瓷文化景观4组9个、陶瓷文化农庄3个、陶瓷博物馆2个；成立麒麟区陶瓷协会，举办线上“潦浒开窑仪式”节庆活动，开窑仪式首次直播吸引10多万人次观看。

2. 南宁街道办事处黄家庄社区雨钵彝族特色村建设

首先，通过特色村建设改善生存环境，提高居民生活质量。全部农户实现人畜分居，全村都能够饮用达到国家饮用水标准的洁净水。葡萄种植户配备常用农业机器，20%的农户配备现代运输交通工具。确保当地群众健康安全，100%的群众能够享受医疗保险。促进当地物质文明和精神文明建设，做到人人讲文明，人人讲道德，邻里、邻村之间团结和睦相处。实现全村100%的适龄儿童入托入学，义务教育普及率达到100%，不出现因经济原因退学、辍学情况。

其次，进一步促进民族团结、文化繁荣。认真贯彻党和国家的民族政策、法律法规，严格按照各级党委政府安排部署做好民族团结工作，确保特色村民族关系和谐、社会稳定。开展好群众性文化活动，特色村建成后，培养建设好一支有民族特色的文艺宣传队，丰富村内文化生活，对民族传统文化进行传承保护。

最后，建设特色村寨始终坚持宣传好党和政府的各项方针政策。这就保证了村内文艺宣传队工作能够正常有序定期开展，每逢重大节日都会组织有意义的、民众喜爱的文化宣传演出活动，既活跃与丰富了当地文化生活，也宣传了党的政策文件精神。

三　取得的主要成效

（一）潦浒古镇建设发展取得的主要成效

潦浒古镇的建设和发展极大地促进了麒麟区的经济社会发展，探索出了具有麒麟特色的文化振兴路径。

一是当地始终坚持规划与建设同步、保护与开发并重、传承与创新并举的产业发展思路，赋予了传统文化和技艺新时代的新生命，不仅以传统陶瓷文化为载体推动实现文化振兴，还通过创新使得当地特色陶瓷文化与时代接轨，提升知名度和影响力。

二是通过资源联合、项目联建、部门联动、效益联享，聚力加速推进以潦浒大村为核心的区域建设进程，逐步实现从“制造陶瓷”向“文化陶瓷”的华丽转身，走出了一条一、二、三产业互促互动、共融发展的新路子，初步打造了产业、文化、旅游融合发展的特色小镇。以陶瓷文化为连接，促进三大产业互联发展，带动三大产业劳动力转移，促进地方经济社会发展。

三是通过聚焦陶瓷文化发展，打造了“麒麟特色”“麒麟品牌”，提升了麒麟区地方文化在全国范围内的知名度。2017 年潦浒大村被列为第四批中国传统村落，2018 年潦浒土陶被列入省级第三批非物质文化遗产名录，以此形成特色品牌，吸引国内外游客，促进文旅产业的快速发展，提升居民的满意度和幸福感。

（二）雨钵彝族特色村建设取得的主要成效

雨钵彝族特色村所取得的成效可总结为三个方面。

一是彝族文化得到有效传承保护和发展。民族特色村建成后，彝族的优秀传统文化得到极大弘扬。通过挖掘整理对彝族歌舞进行保护，组建民族文化宣传队，使游客能欣赏到精彩的彝族歌舞表演。

二是民族团结得到了进一步巩固。民族特色村建成后，充分运用彝族“火把节”活动平台对党的民族政策和国家有关民族方面的法律、法规进行宣传，提高各民族群众的团结意识和法律意识，形成团结相助、团结友爱、相互尊重的新农村和谐景象。

三是民族特色村建设模式可以起到对外宣传窗口作用。麒麟区南宁街道黄家庄社区雨钵村属坝区唯一的少数民族村寨，可以面向周边县市区起到对外宣传的窗口示范作用。

四　可推广的主要经验

一是深入宣传，凝聚文化发展共识。街道党工委、办事处成立专门的工作领导小组，社区也成立相应的领导小组，全面入村入户宣传讲解民族特色村寨建设的目的意义、方法步骤、运作模式等，把全体居民的思想凝聚到文化创新、谋求发展上来，确保文化建设项目的顺利启动和实施。

二是完善规划，加强文化引领。按照新农村建设和城乡融合发展要求，结合农村实际，因地制宜，合理定位、布局，展现民族文化、生态文化、村庄绿化的特点及当地文化资源优势。

三是夯实基础，增强文化功能。按照“硬件先行，软件配套，适度超前”的思路，在搞好文化基础设施建设的基础上，与村级办公场所相结合，形成一个室内外设备相对完善，服务功能相对集中的农村文化新社区，规划建设进村道路、民族历史文化陈列室、民族文艺宣传队等。

四是全面培训，提高文化素质。按照农村新社区文化发展的要求，通过远程教育以及到村开办各类培训班等形式，分期分批对本村居民进行文艺表演、彝族文化展示、葡萄种植、旅游餐饮服务、卫生保健等有关技能和法律知识的培训，全面提高居民素质，着力培育“有文化、守法纪、讲文明、善经营、能发展”的新型居民。

五是突出重点，加强领导。按照“典型示范、标杆引领、强化领导、扎实推进”的文化工作思路，多方筹措帮扶资金，解决文化项目建设启动难题，确保文化项目建设能启动、能成功，能发挥示范引领作用。

五　需进一步完善的建议

（一）积极引入社会资本，为文化振兴全方位赋能

无论是潦浒古镇还是雨钵彝族特色村寨建设，都存在着诸多急需投资的环节，例如潦浒古镇一方面需要对部分龙窑和龙窑遗址进行修复或保护，另一方面也要对特色小镇旅游核心区进行建设，需要多方位引入资金。社会资本是推进乡村振兴战略实施的重要力量，其能将人才、技术、管理等现代生产要素注入农业农村，有利于加快建成现代农业产业体系、生产体系、经营体系。政府部门亟须强化政策指导，提振投资信心，引导好、服务好、保护好社会资本投资农业农村的积极性，推动越州镇潦浒古镇与南宁街道黄家庄社区雨钵彝族特色村寨的建设。

（二）发挥新闻媒体的主渠道作用，广泛宣传文化振兴

在乡村振兴五大振兴中，文化振兴无疑是与新闻媒体关联最密切的一个环节。要发挥新闻媒体的主渠道作用，多形态、多角度、全方位地宣传乡村振兴战略，形成浓厚的舆论氛围；要充分利用潦浒古镇和雨钵彝族特色村寨的农家书屋、农村阅报栏、文化长廊、文化墙等阵地，广泛宣传文化振兴，形成良好的学习氛围；要组成宣讲团队，用通俗易懂的语言、接地气的事例宣传文化振兴，有针对性地释疑解惑、增强信心、凝聚共识；要利用广大农民自己喜欢的形式，采用生动形象的方式宣传，让文化振兴深入人心。

第五节　潇湘街道沙坝村探索壮大村集体经济和土地流转，助力群众增收

一　案例背景

在新的历史条件下发展壮大集体经济，是为了促进生产力进一步发展，改变一家一户的生产方式，调整和完善生产关系，使之适应社会化生产趋势，这是社会发展的客观要求，对于坚持和发展中国特色社会主义、实现共同富裕具有重要意义。要实现乡村振兴，必须强化农村集体经济在农业农村现代化建设中的地位，充分发挥中国特色社会主义的制度优势①。

土地流转的本质，就是推进土地要素的市场化，这必然会引发其他要素市场包括农村资本市场的变化。土地流转能够有效提升土地资源配置效率，进一步推动农业剩余劳动力的转移，为农业规模化、集约化、高效化经营提供广阔空间。一方面，土地流转必然伴随着产业的规模化发展；另一方面，土地流转能够显著提高农业经济收益，进而实现农民增收。

麒麟区潇湘街道沙坝村委会辖升官屯、古城、马河、尖山、下松戈河、上松戈河、沙坝 7 个自然村，设 8 个党支部，共有党员 143 名。至 2021 年底，全村有农户 933 户，总人口 3756 人。全村地处高寒山区，年平均气温低于曲靖平均气温 2~3℃，平均海拔 2100 米，山高坡陡，气候冷凉，土地瘦薄，国土面积 42.6 平方千米，有耕地面积 18367 亩（水田 2140 亩，旱地 16227 亩）。2014 年，潇湘街道沙坝村被列为省级贫困村。2017 年，随着坚决打赢脱贫攻坚战号角的吹响，沙坝党总支确定了大力巩固提升基础设施建设水平，全力引进发展新型产业，全面加快产业转型升级，

① 《提升农村集体经济在农业生产中的作用》，http://journal.crnews.net/ncjygl/2020n/d10q/jtcqzdgg/933555_20201022032245.html。

从而带动整村发展的思路。而当时的现状是村内主干道仍然是砂石路，联户路基本是泥土路，生产道路难行。要实现整村快速脱贫、有效帮助群众增收致富，须切实解决村内基础设施落后、发展能力不强等诸多问题，村干部通过多次外出考察和走访，决定开展食用玫瑰、食用菌等农特产品订单式种植栽培，开展农产品收购加工、销售等业务，助力农民群众增收。

通过采取“党组织+合作社+农户”的生产经营模式，凸显党建引领、技术共享、利益互联、多方共赢特征，发展壮大村集体经济，同时对土地进行规模化使用，增强土地的经济价值。截至2021年，已在升官屯村民小组建成1200亩食用玫瑰种植基地1个，建成600余亩“双椒”种植基地1个。在古城村民小组建成146亩蔬菜种植基地1个，110亩香菇种植基地1个。

二　案例简介及主要做法

（一）案例简介

麒麟区潇湘街道沙坝村委会曲靖嘉乐玫瑰谷庄园有限公司（现更名为曲靖嘉乐农业开发有限公司）流转升官屯村民小组、沙坝村民小组土地1200余亩，以“公司+农户”模式，共同种植食用玫瑰，建成1200亩食用玫瑰种植基地，年产量500吨。目前，33户村民加入食用玫瑰种植行列，农户与公司签订了产销合同，解决了销售问题，降低了种植风险。下松戈河村民小组在村委会领导和驻村工作队的帮助下，在前期30余亩香菇种植规模的基础上，依托麒麟区亿丰香菇种植专业合作社，流转村内17户农户110亩坡地、梯地，建设香菇种植基地。2021年2月，该基地被云南省打造世界一流绿色食品品牌工作领导小组办公室认定为“绿色食品品牌”区级产业基地。沙坝村委会在与麒麟区超康欧克蔬菜种植专业合作社达成协议的基础上，在上松戈河、尖山共流转土地553余亩，新建潇湘街道沙坝村委会高原特色蔬菜种植基地，种植高山娃娃菜280亩、青花和生菜70亩、豌豆50亩、香葱50亩、洋芋100余亩，产品在供给省级农业产业化重点龙头企业曲靖市麒麟区禽蛋副食品有限公司作为加工产品的同时，同步供应曲靖及外地市场，年预计实现利润 80 万元。几年来，基地每年均吸纳 32 户建档立卡贫困户参与种植管理，使建档立卡贫困户户均增收 12000 元，同时带动周边农户和建档立卡贫困户 180 余户。此外，古城村民小组流转土地 146 亩用于种植露天蔬菜，带动周边农户及建档立卡贫困户 69 户 381 人，平均每户增收 700 元；采用“合作社+农户”模式种植烤烟 5500 余亩，带动农户 320 户，签订 77 万公斤烤烟收购合同，预计年经济收入 2156 万元；流转 200 亩土地进行特色黑玉米实验示范种植，探索多样种植模式，促进粮食生产。

（二）主要做法

1. 党的旗帜树起来

沙坝村党总支坚持将“党组织+合作社+农户”作为工作主线，充分发挥党组织在土地修复、资金筹集等方面的组织优势，为香菇种植合作社的建设提供了坚实保障。成立麒麟区亿丰香菇种植专业合作社党支地，采取“党员+农户”“致富能手+农户”的模式，由党员带头发展、带动发展，逐步引领产业走向正轨，有效提升“三个组织化”水平。沙坝村党总支严格按照农业基本建设项目管理办法的相关规定，切实加强管理，严格执行项目建设管理程序，认真执行项目法人制、招投标制、合同责任制、绩效评价机制，确保项目建设质量，实现投资效益可持续增长。潇湘街道沙坝村委会坚持党建引领，依托得天独厚的气候环境和区位优势，统筹辖区优势资源，流转土地 1200 亩用于食用玫瑰种植，带动贫困户加入合作社，解决村内闲置人员就业问题。同时，积极探索“旅游+创新”的发展路径，依托食用玫瑰基地，完善相关基础设施，引导农户大力发展庭院经济，建好以农耕体验、赏花观光、特色民宿为依托的农家小院，走出了一条特色种植、农民增收、农村增色的乡村振兴之路。

图 7-6 为党员联结种植的大棚。

图 7-6　党员联结种植的大棚

2. 发展合力聚起来

沙坝村党总支坚持“总支领航、党员带头、群众参与、集体增收”的原则，推行“党总支+合作社+农户”的发展模式。党总支对产业发展进行统一领导；合作社对香菇进行统购统销，负责物流运输等环节；农户负责香菇种植。通过“消费扶贫”、香菇“粗加工”等方式，将种植户种植风险降到最低限度，保障了群众的生产利益。把党的组织领导、政策引导、发动党员群众等方面优势同专业合作社在技术、信息、市场等方面的优势有机结合，带动了村集体经济发展和百姓致富，在产业扶贫方面发挥了积极作用。以高质量党建推动农村产业发展，沙坝村升官屯村民小组积极探索党建引领助推乡村振兴有效路径，抢抓机遇、真抓实干，依托玫瑰种植基地，采取“党建+合作社+村民+电商”的模式，延长产业链条，将“玫瑰+”基地打造成一个集采摘、观光、餐饮、娱乐功能于一体的乡村旅游观光综合体。

3. 发展利益联起来

沙坝村党总支积极动员群众参与谋发展、定制度、奔小康。一是广纳言。多次组织召开党员大会、群众代表会、致富能手座谈会等会议，听取村民对发展村集体经济的意见和建议，集思广益，研究确定了村集体经济多元化发展的道路。二是齐参与。党总支广泛动员，充分发挥3名驻村干部帮扶作用，让麒麟区亿丰香菇种植专业合作社党支部5名党员干部在观念引领、产业带动、技术推广等方面走在前、作表率，带动80余户群众通过土地流转、务工、入股等方式增加家庭收入，形成利益联结机制。玫瑰基地依托现有资源联合企业和农户，形成发展合力，将玫瑰醋、鲜花饼、玫瑰花露等特色产品引入电商平台，远销北京、上海、昆明、大理等地，年销售额超过850万元，每年给村集体和贫困户分红16万元，实现村集体经济与贫困群众“双增收”的目标。

三　取得的主要成效

（一）脱贫攻坚取得全面胜利

沙坝村曾有贫困户82户265人，于2018年脱贫出列，标志着脱贫攻坚取得了全面的胜利，而且其发展走在国家前列，我国是2020年全面脱贫，沙坝村提前两年完成了这一任务，并且在巩固拓展脱贫攻坚成果同乡村振兴有效衔接上，也取得了突破性成效。截至2021年6月，沙坝村委会共流转土地2499亩，占耕地的13.6%，每年为467户农户创造土地流转收益200余万元，促进了农民增收。

（二）乡村产业发展亮点突出

特色化发展产业，变“传统模式”为“全面开花”。原先沙坝村基础设施薄弱，产业结构单一，群众收入低。为破解村民生产生活难题，按照“党组织+合作社+农户”的模式，整合资金390万元，规模化流转土地开展特色种植，建设产业项目7个，连片种植烤烟、藤椒、魔芋、香菇、食用玫瑰等特色作物11500亩。为带领群众致富，村党总支带领群众成立了花田忆合作社，开展实用技能培训，搭建了电商销售平台，带动33户群众加入，解决了140多人就业问题，实现人均增收2500元。同时，积极引导村民发展庭院经济，建设农家小院，为游客提供特色餐饮、农耕体验、赏花观光等服务，不仅优化了村庄环境，还增加了村民收入。下一步，沙坝村将以观光、旅游、采摘为重点，通过完善基础设施、发展食用玫瑰特色产业、扩大农家小院规模、出租花田小木屋摊位等，不断丰富业态，延伸产业链条，带动群众增收致富。

（三）乡村治理体制取得新突破

制度化推进治理，变“各行其是”为“同轴共转”。紧扣沙坝村各村民小组实际，组织各小组的党员、乡贤等能人参与村规民约修订工作，以家风建设、移风易俗、环境卫生整治等为重点，编制通俗易懂的村规民约，切实发挥村规民约潜移默化推动群众自治的作用；围绕村民最关心的身边事，深入推进自治、德治、法治“三治”融合，推行乡村治理“积分制”管理，对群众日常行为进行评价，根据积分在“绿币爱心超市”中给予村民相应物质奖励，让乡村治理由无形变有形，让软约束有了硬抓手。

（四）吸纳乡村劳动力就业

曲靖嘉乐玫瑰谷庄园吸纳了 83 名当地劳动力实现就地转移。麒麟区亿丰香菇种植专业合作社现有种植大棚 157 个，带动贫困户及周边农户 220 余人就业。合作社采取“四统一”（统一技术培训、统一管理制度、统一制作菌包、统一销售）模式，在发展过程中不断探索和总结经验，力争在原有产品的基础上引进和培育更多珍稀食用菌品种，扩大种植规模，壮大集体经济，助力乡村振兴和经济社会发展。沙坝村的高原特色蔬菜种植基地每年可解决当地 30 余人的就业问题。

（五）农村生活生产条件进一步改善

全员化建设家园，变“生态伤疤”为“亮丽风景”。深入推进爱国卫生“七个专项行动”，以“清脏、治乱、拆危、植绿、建制”为重点，动员党员干部、村民积极参与村庄硬化绿化美化，规范自家房屋外观，建立健全管理、保洁、监督三项机制，充分发挥“红黄榜”的监督激励作用，带领群众拆除危旧房 213 户 420 间，改建联户公厕 18 座，硬化村内道路、小广场 22000 平方米，栽植绿化行道树 4300 棵，推进村内空闲地绿化亮化 4600 平方米，村庄环境变得整洁美观，村民的精气神越来越好，实现了“三堆”变“三园”。

四 可推广的具体经验

（一）建立脱贫捆绑机制，抑制返贫发生

建立脱贫捆绑机制，帮助就业难群众就近就业，抑制返贫致贫现象发生。在本案例中，沙坝村通过产业发展带动群众增收，防止陷入“贫困陷阱”的恶性循环，降低返贫的风险。沙坝村培育壮大特色产业，着力补齐技术、设施、营销、人才等方面短板，健全利益联结机制，带动脱贫群众奔上致富的快车道。同时鼓励脱贫地区有条件的农户发展庭院经济，立足实际发展乡村旅游、休闲农业等新业态，案例中的升官屯巧用玫瑰产业带动乡村旅游发展，推动乡村产业发展壮大，促进农民持续增收。

（二）促进转移就业，增加群众收入

加快农村富余劳动力转移，就近就地就业，是新形势下深入实施乡村振兴战略、巩固拓展脱贫攻坚成果和加速推进农村城镇化进程的重要举措，是增加农民收入的有效途径。沙坝村积极贯彻这一思想，鼓励农村劳动力就近就地就业，在调研中沙坝村村委会主任表示，“本村大部分劳动力在麒麟区工作，还有一部分劳动力在省外务工，留在家里是比较年长的劳动力”，因此村委会也积极开发这部分劳动力的价值，通过产业发展吸引这部分人就近就业，带动劳动力人口转移就业，促进群众收入结构多元化，助力群众持续增收。

（三）巩固拓展脱贫攻坚成果同乡村振兴有效衔接

制定并完善好利益分配机制具有重要意义，乡村发展产生的收益在助老助残、助学扶贫、基础设施完善等方面发挥作用。脱贫不是终点，是走向富裕新生活的新起点。“巩固”是实现脱贫攻坚与乡村振兴有效衔接的基础。“拓展”是实现向全面推进乡村振兴转移的路径。“有效衔接”是关键，是脱贫地区推进乡村振兴的重要一环。要实现有效衔接，就要提高脱贫地区群众的生活水平，推进共同富裕；激发脱贫地区群众发展的内生动力和活力，提高自身的内在发展能力①。沙坝村积极将巩固拓展脱贫攻坚成果同

① 尹成杰：《推进巩固拓展脱贫攻坚成果与乡村振兴有效衔接》，《瞭望》2021年第1期。

乡村振兴有效衔接，通过产业兴旺带动脱贫群众增收，在发展壮大村集体经济的同时，帮助就业困难群众，改善农村基础设施，助力乡村振兴。

五　进一步完善的建议

（一）进一步盘活土地进行规模化流转、集约化使用

在未来的发展中，沙坝村委会应持续把控产业发展方向，引进和培育新型经营主体，实行“基层党组织+企业+农户”运行模式，通过盘活闲置、撂荒土地资源，规模化流转土地，促进产业区域布局优化。扩大绿色蔬菜种植规模，丰富产业形态，大力发展沙坝特色产业，打造农旅融合产业基地，构建乡村现代产业体系，促进一、二、三产业融合发展。实施“农业+旅游”“农业+互联网”行动，拓展农业多种功能、挖掘乡村多元价值，重点发展农产品加工、康养休闲旅游、农村电商等产业，推动农民创业创新，促进农民就近就业，实现产业兴、农村美、农民富。

（二）进一步培育壮大村集体经济

引进优质市场主体，支持农业、工贸、休闲服务等专业化合作社发展，做强村集体经济，建设富裕幸福乡村，增强村级组织自我保障能力。推进特色产业发展，通过开发特色产业、培育支柱产业、成立专业合作社、建立种养基地、推进农业产业化等措施形成“一村一品”“一村一业”的发展格局。积极探索“党建+企业+基地+农户”的合作经营模式，引进优质企业带动村级集体经济发展，实现村集体和企业共同发展，促进村级集体经济实力的增强。

（三）促进农民持续增收和就近就地就业

通过发展香菇、“双椒”等特色种植产业，拓宽农民的收入渠道，持续增加农民收入。另外通过土地流转、提高租金等方式，有效解决本村土地撂荒问题，充分利用土地资源，激活土地生产力，带动村民致富。深化农村集体产权制度改革，落实各项强农、惠民和社会救助政策。积极开展培训教育活动，着力培育生产经营型、专业技能型和社会服务型新型职业农民。

第八章　城乡融合发展推动乡村振兴的麒麟实践与发展建议

城乡融合发展作为中国式现代化和城市化发展的重要阶段，要把城市地区和乡村地区、工业和农业、城市居民和乡村居民视为一个整体进行统筹协调和规划。以城乡融合发展推动乡村振兴，麒麟区在产业、人才、文化、生态与组织等各方面形成了具有自身特色的麒麟实践与发展理念，但也存在不足之处，本书针对其提出发展建议。

第一节　城乡融合发展推动乡村振兴的麒麟实践

城乡融合发展和乡村振兴均是解决人民日益增长的美好生活需要和不平衡不充分的发展之间的矛盾的重要战略举措。城乡发展不平衡、不充分集中体现为乡村发展滞后、乡村处于短板位置，必须通过城乡融合发展，特别是通过实施乡村振兴战略加以破解。在不断推动乡村振兴的实践中，麒麟区形成了独具特色的麒麟实践与发展理念。

一　城乡融合发展推动产业振兴

按照党中央、国务院决策部署，强化政策扶持，加大工作力度，切实抓好落实，大力推进乡村产业发展，加快构建现代乡村产业体系，夯实乡村振兴基础。

总体思路是，以习近平新时代中国特色社会主义思想为指导，全面贯彻党的二十大精神，坚持农业农村优先发展总方针，牢固树立新发展理念，落实高质量发展要求，以实现农业农村现代化为总目标，以农业供给侧结构性改革为主线，围绕农村“三产”融合发展，聚焦重点产业，聚集资源要素，强化创新引领，培育发展新动能，延长产业链、提升价值链、打造供应链，构建地域特色鲜明、承载乡村价值、创新创业活跃、利益联结紧密的现代乡村产业体系，加快形成城乡融合发展格局，为实现乡村振兴奠定坚实基础①。

麒麟区将产业振兴作为战略目标，以产业发展为重中之重，通过产业的发展进一步促进城乡融合发展，同时城乡融合发展也进一步助推产业结构的转型升级及发展。

（一）促进就近就地就业，激活农民内生发展动力

麒麟区利用当地的剩余劳动力，结合当地的优势，发展相应的产业，实现当地劳动力的就近就业，带动了相应产业的发展，延长了相关的产业链，实现了产业的转型以及经济的增长。

比如，茨营镇团结村“巧媳妇”合作社作为麒麟区乡村振兴的一个缩影，对其他地区的乡村振兴具有重要的参考价值。茨营镇通过将会手艺、懂刺绣的妇女集结起来，成立“巧媳妇”合作社，通过居家化生产、专业化培训、品牌化经营、订单化销售，生产手工蚕丝被、蚕丝马甲、刺绣制品等产品，实现留守妇女、年轻人就近就业。

另外，茨营镇依托自然条件优势，打造了集栽桑、养蚕、收购、加工、缫丝、桑枝综合利用于一体的绿色循环全产业链，整合村组区位、技艺优势，制定“巧媳妇+”品牌发展计划，创建“巧媳妇+蚕丝加工”“巧媳妇+民族特色刺绣”“巧媳妇+特色农业”“巧媳妇+手工编织”等品牌模式，推出灯罩、灯盏花手工茶、草编彩桌等“一村一品”系列，发展了包括丝艺、竹艺、布艺、串珠、钩编、绳艺在内的10余种手工工艺，延伸产业链条，打响了产业“特色牌”，通过小产业，带动大发展，不仅增强了妇女自身发展的内生动力，还带动了相关产业的发展，实现城乡产业的互补。

---

① 《国务院关于乡村产业发展情况的报告——2019年4月21日在第十三届全国人民代表大会常务委员会第十次会议上》，http://www.npc.gov.cn/zgrdw/npc/xinwen/2019-04/21/content_2085626.html。

（二）发挥比较优势，发展特色产业

麒麟区充分把握其域内优势，持续推动特色产业的发展，积极打造“麒麟牌”。在农业上，麒麟区立足各地资源禀赋，积极发展比较优势明显的主导产业，围绕高原特色产业发展。通过引进高新技术企业、开展招商引资及融合新型经营主体等方式发展壮大域内的特色产业。在旅游业方面，麒麟区找准特色资源和核心优势，打造自身特有的文化旅游产品，通过发展特色文化，不断培育新的城市经济增长点，擦亮旅游城市的牌子，增强域内旅游市场的活力。通过发展特色产业，发挥其核心优势，推动经济发展，为实现城乡融合发展提供保障。

（三）现代化农业赋能乡村振兴

农业现代化是实现农业强国的必然途径和要求，也是实现乡村振兴的题中之义。麒麟区采取多举措促进现代化农业的发展，如通过土地流转，引进企业，实现土地的集约化、规模化经营，提高土地的造血能力。另外，麒麟区引入“大产业+新主体+新平台”模式，全面推进“一村一品”，紧紧抓住种子端、电商端这个农业的“头”和“尾”，着力推进农业生产设施化、有机化、数字化，加快推进农业现代化。现代化要素相对集中于城市，农业现代化的过程中需要从城市引入相关要素，这个过程也是一个城乡互动的过程。城乡之间的这种互动，有利于城乡之间的资源交换，通过优势互补，促进城乡融合发展进程。

（四）产业发展带动人口聚集，推动城乡融合发展

麒麟区通过产业结构的调整带动产业不断向优发展，三次产业结构在调整中不断优化，总体呈现由“二一三”向“二三一”，再向“三二一”演变的趋势。产业发展带动了人口聚集，2017~2022年，麒麟区城镇化率提高了10.42个百分点，城镇化发展取得新成效。在“三产”的发展上，坚持农业产业与旅游业融合、美丽乡村建设与旅游发展融合、自然景观与休闲生态旅游融合。积极推进“一产带三产”融合发展，进行全域旅游规划，建设精品旅游点，打造民俗风景线，形成全域旅游体。比如，茨营镇针对

北高南低、北山区南坝区的情况，按照先行突破、带动发展、特色打造的思路，着力构建西部、南部52平方千米核心规划区，南部小河村、红土墙村民俗体验区，北部、东部发展带动区，在核心规划区内，着力打造龙潭河经济观光带。重点开展茨营集镇改造，打造品质商圈，建成旅游配套设施。积极推动建设现代农业经济园区、现代农业观赏采摘区，初步形成“一河四村”的乡村旅游综合体格局，带动了全镇现代服务业的发展。旅游业发展反哺了地区的发展，带动了城乡融合不断向深向好发展。

二　城乡融合发展推动人才振兴

党的二十大报告指出，必须坚持科技是第一生产力、人才是第一资源、创新是第一动力，深入实施科教兴国战略、人才强国战略、创新驱动发展战略，开辟发展新领域新赛道，不断塑造发展新动能新优势。“谁的乡村振兴”“谁来振兴乡村”是乡村振兴的核心问题，麒麟区将人才作为重要资源，通过人才的流动和培育推动乡村增强自我发展能力，形成了城乡融合发展推动人才振兴的麒麟实践。

（一）创新宣传模式，推动人才发展

麒麟区整合农民工相关政策，全面梳理，进行目录式政策宣传，同时借力培训学校，帮助农民工理解创业政策，整合优化自身资源，提升创业成功率。加强线上政策宣传，充分利用互联网新兴媒体平台，采取群众听得懂、看得明白的方式，多渠道、多角度开展就业政策宣传，让农民了解政策、熟知政策、享受政策，帮助农民转变思想观念。

（二）积极推动农民技能培训工作

麒麟区依托农村劳动力信息系统平台，对尚未转移就业人员、已在外就业人员、返乡人员等进行全方位调查摸底，真正掌握农村劳动力能学什么、想学什么、想找什么样的工作等信息。同时依托人力资源服务机构摸清当地务工人员聚集地企业的用工工种需求情况，经综合研判，再编制培训方案，引导本地农村劳动力参加培训。加强创业服务能力建设，成立创

业服务专家团和农村创新创业导师队伍，为返乡入乡创业农民提供政策咨询、开业指导等专业服务。加大培训工作力度，提高培训质量，依据用人单位及学员需求，引导各定点培训机构重点开展市场需求量大的工种组织培训，加强培训监督，提高培训质量，严格按照培训要求对培训课时、培训人员、培训效果做好监督。

（三）引才育才，带动就业

麒麟区坚持就业优先战略和更加积极的就业政策，鼓励支持大众创业、万众创新，不断拓宽就业渠道，努力形成以创业带动就业、以就业促进创业的良好局面。实施返乡创业能力提升行动，加强对返乡创业重点人群、创业致富带头人、农村电商人才等的培训，促进创业带动就业。加大创业担保贷款政策宣传力度，协调承办银行简化贷款审批流程，发挥创业担保贷款吸纳和撬动更多社会资金参与创业、吸纳就业的积极作用。从财税政策、用地政策、金融服务等多个方面加大对农民工返乡入乡创业的支持力度。对符合条件的返乡入乡创业农民工，按规定给予税费减免、创业补贴、创业担保贷款及贴息等。

三　城乡融合发展推动文化振兴

麒麟区以“创新、协调、绿色、开放、共享”的新发展理念为引领，把新发展理念贯穿麒麟文旅发展全过程和各领域，立足实际、谋划长远，通过保护传统文化、引进外来文化资源、培育文化创意产业等方式，在新的起点上推动文化振兴实现高质量跨越式发展。

（一）增进福祉，共建共享

麒麟区把增进人民福祉作为文化发展的出发点和落脚点，坚持以游客需求为导向、以改善民生为目标，推进文化和旅游公共服务的均衡化发展，使全体人民在文化和旅游共建共享中有更多获得感、幸福感，逐步满足人民对美好生活的向往。加强统筹管理，建立协同机制，优化配置各方资源，发挥整体优势，提升综合效益。

（二）文化铸魂，双重繁荣

麒麟区的文化振兴紧跟文化和旅游发展趋势，坚持“以文塑旅、以旅彰文”理念，推动文化和旅游产品业态创新，推动公共服务、市场管理及市场主体培育、对外合作交流等各环节磨合、组合、融合，高质量推进文旅融合，做深、做实、做精文旅融合，大力实施“文化+”“旅游+”，积极发展文化遗产旅游、文创演艺旅游、历史文化旅游、民族文化旅游等文化旅游业态，推动形成文化和旅游资源共享、优势互补、协同并进的发展态势。此外，麒麟区充分发挥本地文化在旅游业中的作用，将文化资源与旅游景点相结合，打造独特的文化旅游产品。通过推出文化旅游节目、特色旅游线路等方式，吸引游客，促进旅游业的发展。

（三）重点突破，优质发展

在麒麟区文化振兴的过程中，存在着旅游产品供给质量不高、品牌建设力度不足等问题，麒麟区针对这些问题，以高质量发展为旅游发展的准绳，在品牌景区建设、业态产品创新、消费品质升级、服务质量提档等方面着力突破，注重项目龙头引领、梯次储备，全面提升公共文化旅游服务效能，努力提升公共文化和旅游产品供给质量，创新推出更贴近新时代美好生活需要的文旅产品，不断提高旅游对经济社会发展的综合贡献水平。

（四）统筹协调，区域联动

积极融入“一带一路”、“滇中城市经济圈”及“麒沾马”一体化建设，坚持农文旅融合背景下的全域旅游发展战略，在文化交流、政策互惠、产品开发、资源共享等方面积极主动作为，突破单核心的发展模式，置身于大格局、大背景下进行整体规划，安排项目建设时序，统筹协调旅游项目布局、旅游产品开发、精品线路设计与公共服务配套的工作进程。

四　城乡融合发展推动生态振兴

（一）建立环境友好的农业技术与推广体系

在建立环境友好的农业技术与推广体系方面，麒麟区有着成熟的做法。

一是建立了污染监测体系，全面监测耕地质量和农田环境容量。农村环境状况调查是一项基础性工作，是科学解决农村环境污染问题的前提，开展农业污染环境状况调查，重点调查农村面源污染和土壤污染的状况，同时逐步建立健全环境污染监测体系，为科学决策和制定政策提供全面可靠的信息。二是构建了高效的农业技术推广体系。改革推广系统，并提升科技推广人员的素质，提高农业技术推广队伍的工作效率，将技术推广活动和各种商业活动（如经营销售等）严格分开，提升推广体系的运行效率。三是积极推广成熟的化学品使用技术。建立农药化肥清洁生产的技术规范，鼓励生产与使用高效、长效、低残留的化肥、农药。因地制宜地推广成熟的化肥农药使用技术，采用平衡施肥、改良施肥方法等措施减少农药化肥的施用量。

（二）健全相关环境保护制度措施

麒麟区重视相关保障制度的建设，针对问题及时出台相关文件。重视“四项机制”的建立完善。一是建立网格化保洁机制。由村委会设置公益性岗位，划分责任路段，每个路段安排公益性岗位人员负责。村组干部包户，做好农户宣传教育、房前屋后“三堆”监管，组织每月开展大扫除，进行入户考核。二是设立收费机制。按照“区级、街道、村补助+农户缴费”的模式，设立人居环境提升专项资金，建立专户管理，为人居环境提升工作提供必要的经费保障。三是建立考核激励机制。加强对村内保洁员的日常考核管理，实行月考核、月评比、月奖励。对开展人居环境提升工作较好的农户，奖励“绿币爱心超市积分”，积分可进行兑换。四是施行长效管护机制。做到有制度、有标准、有队伍、有经费、有督查“五有”长效管护，坚持改造环境与改变陋习相结合，突出抓好日常管理。在完成每年度的村庄工作和进行审查之后，再对下一年度的村庄规划方案进行编制。严格按“三区三线”成果数据，建立数据库，完成自然村建设规划的备案工作。

（三）重视生态文明建设

麒麟区将建设绿美乡村和“四美家园”统筹推进，更加注重精品示范。结合人居环境整治和爱国卫生“七个专项行动”，向家家户户发放倡议书并安装户“三包”责任牌。

在全国文明城市创建工作中，通过墙体平面类广告、宣传栏和电子显示屏等进行宣传，营造浓厚的氛围，同时通过入户宣传、发放宣传资料和开展志愿活动等，提高群众的知晓率、参与率、满意率。调动村民参与环境治理的积极性、主动性，增强村民参与保护绿色家园的意识。广泛深入宣传开展农村环境综合整治的重大意义，引导群众养成良好的生活习惯，让广大干部群众更加直观地体会到改善人居环境带来的益处，自觉投入人居环境提升工作中去。建立健全村组公益设施管理使用制度，充分发挥村规民约的作用，探索将房前屋后“三包”制度、红黑榜制度等与生活垃圾收费制度挂钩，激励群众积极参与人居环境改善行动，发挥群众的主观能动性，实现源头减量，全民投入共同建设美好家园。积极动员群众发挥主体作用。坚决践行绿水青山就是金山银山理念，管好、守住麒麟的蓝天绿树清水净气。

五　城乡融合发展推动组织振兴

麒麟区“党建+乡贤”以基层党组织“五化”建设为抓手，赋予乡贤文化新时代意义，推动社会治理现代化、经济现代化、人的现代化、生态文明现代化与文化现代化，为乡村振兴凝贤聚力，提高乡村社会治理效能，撬动全要素、全领域、全产业链与全系统。麒麟区组织振兴强化城乡一体化协同发展的经验总结如下。

（一）通过助力乡村社会治理现代化，强化城乡融合发展

组织振兴是乡村振兴的保障条件，过硬的基层党建才能提升党对乡村振兴的引领力，麒麟区坚持以提升基层党组织组织力为重点，以“五级书记抓乡村振兴”织密基层治理组织网，推进农村“多中心合一”和“组网合一”，推广“红色工圈”“红色农圈”党建联盟模式，探索跨行业、跨层级、跨地域建立党建共同体，实现党员空白村“清零”。麒麟区扎实推进党支部标准化与规范化建设，始终将作风建设放在首位，推进村干部队伍专业化、职业化建设，通过农村“领头雁”和“归雁”工程，通过“百人计

划”为党的事业培育一批后备力量。麒麟区强化基层党组织服务意识，紧扣民心这个最大的政治，帮助人民群众解决“急难愁盼”之事，从“群众跑、到处跑、跑多次”转向“干部跑、数据跑、不用跑”的常态服务模式。

（二）通过推动乡村产业现代化，强化城乡一体化协同发展

以“党建+乡贤”推动中国式乡村产业现代化就是要以党组织为引领、凝聚乡贤力量加快传统农业向现代农业升级转型。“党建+乡贤”以加快构建中国式现代农业产业体系为目标，同时推进农业由增产转向提质。麒麟区以乡情乡愁为纽带，以发展农业专业合作社为抓手，通过政策吸引乡村能人、基层干部、返乡农民工、大中专毕业生等领办创办农民合作社，发挥能人效应，链接城乡资源，推动城乡融合，提高合作社影响力和凝聚力，并通过优化营商环境、推动集体经济发展，促进村民在家乡就业并实现增收致富。

（三）通过实现中国式乡村人的现代化，强化城乡融合发展

以“党建+乡贤”实现中国式乡村人的现代化，就是要培育公民精神，提升公民的权利意识、规则意识和责任意识，发展全过程人民民主。乡村振兴的核心在于人的发展。推动构建新的城乡融合发展格局，说到底需要在党的引领与组织下，推进乡村吸引人才扎根于美丽乡村建设事业。通过发挥党员干部“主心骨”的作用，将农村群众凝聚起来，打造共建共治共享的新时代城乡社会治理新格局。麒麟区“党建+乡贤”模式以激活“贤力”“贤能”为目标导向。乡贤应以“农民”为主体，还需要同时具备“公共性”和“精英性”，最核心的特征是“贤”，主动服务农民公共利益。为此，麒麟区从以下三个方面给予保障。一是严把乡贤入口关。从辖区退伍军人、企业家、老党员、老干部、老教师等群体中，把政治上有觉悟、业务上有能力、群众中有威望的德才兼备的乡贤“找”出来。二是积极为乡贤搭台子。探索“乡贤参事会+网格化”的乡贤特色网格工作机制，把全科网格打造成乡贤参与社会治理的重要载体，把乡村两级党群服务和社会治理中心建成乡贤参与社会治理的重要平台，通过构建全科网格服务体系，引导乡贤进入网格中、行走在网格中，建立起乡贤人士与网格员共驻共建共享格局。乡贤深度参与社会治理，与基层干部队伍共同推进“社情民意在网格中掌握、公共服务在网格中开展、矛盾纠纷在网格中化解、治安防控在网格中加强、民主监督在网格中落实”。三是以制度保障助规范。通过建立专门的乡贤理事会章程以及乡贤理事会参与乡村治理工作规则，来具体明确乡贤理事会的性质、宗旨、工作规范等，做到有规可依，有章可循；出台乡贤考评机制或评定管理办法，对乡贤实行考核，由区、乡镇（街道）、村（社区）评选表彰一批“先进乡贤会”“优秀乡贤”，以有效激发乡贤活力，增强乡贤治理效能。

（四）通过引领中国式乡村文化现代化，强化城乡融合发展

以“党建+乡贤”引领中国式乡村文化现代化，就是要传承中华文明，发展社会主义先进文化，实现“三治”融合，进而实现物质文明和精神文明相协调的现代化。乡贤在乡民邻里间威望高、口碑好，可成为“德治带头人”，麒麟区倡导“党建搭台+乡贤唱戏”，通过主题党日活动、新思想大讲堂、村民议事堂、孔子学堂、善行义举榜等形式，培育公民的主人翁意识，引导和鼓励群众自治组织采取约束性措施，整治婚丧大操大办、高额彩礼、铺张浪费、厚葬薄养等不良习俗。实施“法律明白人”培养工程，建立街道、村、组治安联防联控三级网络，大力开展“法律进村”活动。依托端午节、中秋节、春节等传统节日和民族节庆日等开展各类“创熟”活动，组织各类社会组织、群众团体开展健康文体活动，深化抓党建促宗教治理，推进移风易俗，形成向上向善的良好风尚，绘制了一幅“百姓和顺、乡村和美、社会和谐”的基层治理“新画卷”。

第二节　城乡融合发展推动麒麟乡村振兴的发展建议

一　城乡融合发展推动麒麟产业振兴发展建议

（一）优化产业空间布局，大力推进产业融合发展

促进“三产”融合发展是优化产业空间布局的重要举措。麒麟区当前

产业空间布局还需要进一步改善。

一方面，应坚持农旅文融合。深入挖掘克依黑和水乡等的景区休闲文化、民族特色文化、乡村田园文化、农业生态文化等，打造更多具有文化体验感和文化消费力的精品项目，基于“‘三变’+特色产业旅游”模式，利用克依黑风景区、水乡景区和潦浒古镇旅游资源，通过引擎项目的带动，实现“农业+旅游”的规模化、效益化发展。同时加强对高效生态农业的旅游植入和引导。加强对辖区特色农产品、稀缺山珍、生态农业的深度开发，不断推进农副产品深加工行业的发展，充分借助乡村振兴的影响力，全方位推动麒麟区农旅文融合发展。

另一方面，提高一产带动三产发展的能力，麒麟区拥有众多高原特色农业及绿色蔬菜品牌，通过利用此类农业资源，打造农业观光经济，建设蔬果采摘园，采用多种形式丰富旅游项目，增强游客的体验感，带动当地旅游业的发展。通过一产带动三产，增加产业附加值，促进经济发展。

（二）推动土地合理流转，提升农业规模化经营实力

在未来的发展中，麒麟区各街道和乡镇应该进一步推动土地合理流转，实行“基层党组织+企业+农户”运行模式，盘活闲置、撂荒土地资源，规模化流转土地，促进产业规模化发展。根据“十四五”期间的产业发展规划，立足于当前的产业发展情况，进一步优化产业布局，培育新业态、新模式，利用麒麟区的位置优势和土地优势，壮大麒麟特色产业，增加土地价值和群众的土地租金收入，整体提高农民群众的收入水平。实施“农业+旅游”“农业+互联网”行动，拓展农业多种功能，挖掘乡村多元价值，重点发展农产品加工、康养休闲旅游、农村电商等产业，推动农民创新创业，促进农民就近就业，实现产业兴、农村美、农民富。

（三）发展壮大新型经营主体，大力调整产业结构

壮大农业产业化龙头企业，打造大型农业企业集团，支持农业产业化龙头企业向重点产区和优势区集聚。发展农民合作社和家庭农场，支持开展加工流通等多种经营，向综合合作社方向发展。扶持一批农业产业化龙头企业带动、合作社和家庭农场跟进、广大小农户参与的农业产业化联合

体，实现抱团发展。要助力小农户融入农业产业现代化进程中，带动乡村振兴和农业农村现代化。麒麟区有得天独厚优势，可以进一步壮大新型经营主体，吸引云南省其他州市经营主体入驻，同时发挥与贵州省相邻的优势，利用产业结构调整吸引劳动力转移。

（四）打造周末经济和休闲经济旅游圈，助推城乡融合发展

随着人民生活水平的提高，休闲娱乐方式越来越多样化，不同类型的休闲消费方式也会带动不同类型的经济发展和城乡融合发展方式。麒麟区应深入调研当地的特色，进一步打造聚得住“人气”的商圈和旅游地，让其成为曲靖和周边地区群众周末外出的首选地，积极有效推动城乡融合发展，提高麒麟区的整体发展水平。

二　城乡融合发展推动麒麟区人才振兴发展建议

（一）将人才振兴纳入考核体系

目前，麒麟区还没有将乡村人才振兴纳入人才工作目标责任制考核和乡村振兴实绩考核机制，意味着人才振兴还没有成为乡村振兴的主要考核指标。将乡村人才振兴工作纳入各级人才工作目标责任制考核和乡村振兴实绩考核机制，明确任务分工，建立完善督导落实机制，有助于以责任落实推动政策落实、工作落实，确保全面推进乡村振兴各项重点任务落到实处，更好地释放乡村振兴中的人才红利，更好地利用人才红利推动乡村振兴。

同时，还需重视乡村人才的责任担当和考核问责，逐步建立压力责任层层传递的人才责任考核机制和按业绩多少、按贡献大小的人才绩效分配制度，让一支“靠得住、用得上、留得住”的人才队伍深深扎根乡土。

（二）健全乡村人才振兴机制

目前，麒麟区乡村人才振兴机制尚不完善，需要通过项目带动、团队建设，培养一批农业科技领军人才。鼓励基层专家工作站、农业科技园区、战略性新兴产业企业引进农业科技领军人才。支持涉农院校、科研院所等

事业单位专业技术人才到乡村和企业挂职、兼职和离岗创新创业，并保障其在职称评定、工资福利、社会保障等方面的权益。认真落实岗位专家制度，推广应用最新农业研究成果。支持农业科技人员以科研成果入股，享受人才津贴或增值部分利益分配，引导他们在乡村振兴中实现自己的人生价值。畅通农业技术人员职称晋升渠道，探索制定乡村实用人才职称评价办法，完善乡村人才认定标准，培养知识型、技能型和创新型的职业农民，充分发挥乡村实用人才（如田秀才、土专家、乡村工匠等）的示范带动作用。组织农民参加职业技能鉴定、职业技能等级认定、职业技能竞赛等。

（三）提升本土人才素质和能力

目前，麒麟区对本土人才的培养力度不足，需要进一步提升本土人才的素质和能力，重视农民在乡村发展中的主体地位和能动作用，发挥本土人才“人熟”的特点，形成政府、社会、市场、农民等各种建设力量的有效合力。首先，要精准施策，切实增强培训效果。早制定培训方案，资金最好在上半年到位，各培训班要紧密结合农时合理统筹、科学安排，适时开展培训。科学精细谋划，突出实践学习，有意识地增加现场教学、田间实训课，确保每个生产环节都有田间实训课程，让学员耳闻目睹手练，真正掌握各环节的关键技术。其次，要因地制宜完善培训内容。紧紧围绕麒麟区打造“绿色食品牌”和“一县一业”等具体目标，以推动农业结构调整，促进乡村产业发展等为着力点开展培训，坚持以农民为中心，以产业为导向，以培训需求为根本，进一步完善培训内容。

（四）大力推进农村创新创业，增强农业发展内生动力

通过加大政策、资金等支持力度，不断提升农村地区创新创业能力，积极营造有利于农村创新创业的良好环境，多方面多层次支持各类返乡入乡创新创业人员，提高返乡人员创业积极性，为麒麟区农业农村高质量发展注入源源不断的动力。目前麒麟区部分街道下辖村委已经有部分农民工、大中专毕业生、退役军人等返乡入乡开展创业创新活动，其中部分地区取得了不错的成效，应该积极宣传好这些故事和案例，让麒麟区在外务工人员利用已经学到的技术回家乡发展，带动麒麟区经济社会发展。

三　城乡融合发展推动麒麟区文化振兴发展建议

（一）加快构建现代文旅公共服务体系

麒麟区还需巩固国家公共文化服务体系示范区创建成果，统筹城乡文化设施建设布局和资源配置，加大投入力度，多渠道筹资，在乡镇及部分街道兴建图书馆，实现文化信息资源共享工程区级中心、乡镇、村基层服务点全覆盖。形成区有中心（“两馆一所”）、乡镇（街道）有站馆（文化站、图书馆）、村有室（文体活动室、小广场）、组有文体小广场的公共文化设施体系。加快公共文化旅游数字化建设，开展丰富多彩的线上文旅活动，推动提升公共文化机构旅游服务数字资源供给能力。围绕文化旅游配套基础设施、交通网络等建立数字观景平台，完善旅游集散中心、咨询服务中心、停车场、自驾车营地、旅游指示标识等旅游基础设施，增设客运班列，提高旅游通达性和便利性。积极建立和完善旅游公共信息平台，为游客提供多样化的信息服务。

（二）着力加强文旅人才队伍建设

麒麟区需要改进文化人才管理体制，创新文化人才工作机制，完善文化人才政策，推动文化体制改革和文旅人才队伍全面发展。针对高层次人才、高技能人才和非物质文化遗产代表性传承人及团体，制定专门扶持政策。建立健全文化行业特殊艺术专业人才保障机制，围绕“培养、引进、激励、管理”四个重点环节，全方位、多层面培育开发文化旅游人才资源，推进人才政策和体制机制创新，着力建设一支数量充足、结构合理、素质优良的文化旅游人才队伍。

（三）打造特色文旅品牌，培育文化创意产业

麒麟区文化资源优势尚未全面发挥，缺乏规模化、市场化的产业项目支撑，文化和旅游融合还处于摸索发展初期，专门的上位规划、科学系统的方法、成熟的践行路径都尚未成形，融合发展尚没有形成预期合力，文化优势暂未全面转化为旅游产业优势，而旅游产业也没有全面充分彰显麒麟文化。

应持续推进麒麟水乡、东山克依黑2个国家4A级旅游景区提升改造工程建设。积极推进麒麟爱情小镇、南中麒麟湖文旅度假小镇、曲靖康养温泉小镇等文旅项目建设。努力完成麒麟区珠街街道涌泉红色文化旅游景区、越州潦浒古镇创建国家3A级旅游景区工作。着力打造一批高质量旅游民宿、精品酒店。围绕麒麟区历史文化、民间故事等打造具有麒麟特色的原创剧本IP，促进“剧本+文旅”组合的持续发展，同时将麒麟区的传统饮食和民间手工艺项目与文化创意设计相结合。

四　城乡融合发展推动麒麟区生态振兴发展建议

（一）高效利用农业农村资源以推动农业现代化发展

在生态振兴中，需要将农业生产与生态观光、乡村旅游、民俗文化深度融合，实现一、二、三产业融合发展，打造特色鲜明、宜居宜业、惠及民生的乡愁家园。以当地特色资源和产业发展优势、特色村落、民族文化为依托，以农业综合开发项目为抓手，打破单一农业种植局面，完善生产、产业、经营、生态、服务等功能体系。围绕核心产业，将农业生产与乡村振兴、民俗文化、乡村旅游度假等深度融合，通过“三生”（生产、生活、生态）、“三产”（农业、加工业、服务业）的有机结合与关联共生，涵盖生态农业、休闲旅游、田园居住等复合功能，从而实现新型产业与农村发展的有机结合。在农业技术进步与生态化发展之中，在农业结构与产业结构优化中，在以人民群众为中心的担当中，高效利用农业农村资源，推动农业现代化发展。

（二）以农业-环境政策一体化促进绿美乡村建设

推进农业-环境政策一体化是实现农业可持续发展的主流趋势和重要途径。当下在农业的发展中应当兼顾农业生产需求及环境保护需求，制定农业-环境政策一体化发展战略，在农业生产效益及环境保护方面寻求平衡点，在农业生产效益目标与环境保护要求和标准之间找到平衡点。与此同时，促进基层环保工作开展与基础设施建设，由点到面防治污染；推动环保知识教育与组织化治理，将环保意识培养与环保实践相结合；发展特色循环式农业，将污染防治与发展经济相结合，全面提升农村环境污染防治效率，促进绿美乡村建设。

（三）强化制度措施保障

在乡村生态振兴的建设过程中，最为关键的是要有相关制度保障来进行管理和兜底，包括一系列的环境保护制度、生态补偿制度、相关单位管理制度、保护修复制度和有偿使用制度等。例如，实行严格的环境保护制度，倡导和推广清洁能源，建设农村污水治理设施，完善农村生活污水、垃圾处理体系。建立责任划分制度，把农村人居环境整治纳入村规民约，明确职责，通过长效管护机制的建立，有效推动农村人居环境整治工作迈向常态化、制度化轨道，逐步实现乡村与城市的有机衔接。完善生态红黑榜制度，开展文明家庭、最美庭院评选活动，把生态保护纳入村规民约。严格实行林木限额采伐和审批制度，继续实行征占用林地审批程序，加大矿区环境整治力度。加大公路沿线、村庄道路、水源地、河流沿岸等地造林绿化管护力度。建立健全宅基地管理、乡村建房审批制度，建立健全巡查、发现、报告、处置等工作机制，拆除乱占耕地建房，整治乱搭乱建，推动监管制度化、规范化、常态化等。

总之，要以制度为保障，常态化抓管控。通过镇、村、组各级农村环境长效管护机制的建立，维护乡村生态振兴的成果。

（四）加强宣传教育

生态振兴的实现，离不开农民的自觉行动和自发保护。在生态振兴具体实施过程中，一是要重视宣传教育，通过党员干部带头，发挥示范作用，调动群众积极参与到美丽家园的建设中，主动维护农村生态环境。通过宣传教育行动来突出典型，例如通过广播、电视、报刊、文化下乡、讲故事等形式，多形式、多渠道开展森林草原防火宣传。广泛开展野生动植物保护宣传教育活动，不断增强群众保护野生动植物资源的法治观念，减少人为因素对生物多样性造成的破坏和威胁。

二是广泛深入宣传开展农村环境综合整治的重大意义，引导村民养成良好的生活习惯，让村民更加直观地体会到改善人居环境带来的益处，自觉投入到人居环境提升工作中去。把“教育群众、发动群众、组织群众”

作为突破口，充分利用各种媒体进行广泛宣传，提高群众知晓率、引导群众自觉参与。

三是对不文明行为进行公开曝光，充分利用舆论，营造“人人支持、家家参与、村村行动”的氛围。要充分调动群众参与环境治理的积极性、主动性，增强其参与保护绿色家园的意识。

四是积极引导村民投入环境整治行动，改善生产生活条件。同时要充分发挥群众的主体作用和首创精神，增强群众的主人翁意识，让环保理念深入人心。树牢绿水青山就是金山银山的生态文明理念，突出乡村和民族特色，保护村落环境，保持田园风貌，体现地域特点，传承历史文化，实现人与自然和谐相处。

五 城乡融合发展推动麒麟区组织振兴发展建议

乡村振兴战略是对城乡二元化发展现状的适时调整，乡村振兴背景下，“党建引领+乡贤助力”的乡村治理模式将传统的乡村社会治理工作重点由管理村级日常事务转向统筹领导农村经济社会全面发展，作用发挥由维持型运作转向振兴型建设。麒麟区的“党建+乡贤”组织振兴模式，契合了乡村振兴中组织建设的价值取向，未来的进一步优化路径如下。

（一）进一步推动城乡基本公共服务均等化建设

党的十九大报告指出，要“履行好政府再分配调节职能，加快推进基本公共服务均等化”，“保证全体人民在共建共享发展中有更多获得感”。共同富裕并非低水平的均等富裕，必须建立在高质量发展基础上，实现从“物质生活的需要”到“美好生活的需要”的嬗变。麒麟区在实现基本公共服务均等化过程中可通过差别税率增加公共财政收入，然后通过公共财政支出为不同区域的城乡居民提供各种公共服务，从而形成清晰而完整的再分配链条，缩小城乡收入分配差距①。乡村人居环境的改善是党组织“引才”和

① 范逢春：《基本公共服务均等化如何推动共同富裕?》，《理论与改革》2023 年第 2 期，第 97~108 页。

"留贤"的关键，麒麟区应加快补齐乡村教育资源短板、提升基层卫生服务诊疗能力、缩小城乡社会保障水平差距、增加乡村基本公共设施供给、推进农村养老服务建设，以实现城乡基本公共服务均等化为有力抓手，促进社会公平正义，实现人民对美好生活的向往。

（二）进一步优化农村基层党组织标准化建设的考评程序

党的基层组织是党的肌体的"神经末梢"，以过硬基层党建引领乡村振兴，是对党的执政能力建设理论的检验与创新。农村基层党组织承担着落实政策"最后一公里"的重任。党建要求层层分解，党建任务逐级下沉[①]，如果将考核工作简化与形式化，过分强调办事留痕和例会签到拍照，有可能造成基层党建文牍化，让"组织期待"变为"基层疲惫"。为此，麒麟区要立足于乡村振兴的长期性，优化基层干部考核机制，避免多头重复考核，避免简单的"数字"考核、"表格"考核和"材料"考核，要将过程与结果、定性与定量、任期考核与专项考核多维度结合起来[②]，在考核维度上给基层党员干部减负，让党员充分"沉下去"服务群众。

（三）进一步吸引和促进乡贤回流

乡贤是提升基层组织能力的有力保障，城镇化发展、城乡差距不断扩大等因素导致了乡贤人才不断流入城市。因此，麒麟区应促进乡贤在城乡的双向流动，可以通过情感联结，激发乡贤的回乡热情，并通过一定的政策支持和补贴，吸引和促进外流乡贤回乡参与乡村治理工作或创业，为他们提供更多的发展空间。此外，麒麟区要不断完善乡村的基础设施，不断提高乡村的教育水平，不断改善乡村环境，通过招商引资等为乡村创造更多就业机会和平台，增强乡村的经济实力和综合能力，提高村民的生活水平和质量，通过线上不定期向不在场乡贤推送家乡发展变化的各种信息，线下走访、慰问、举办乡贤见面会等方式引导不在场乡贤参与乡村公共建

---

① 王向阳：《当前留守型农村基层党建的困境与出路——基于湖北 F 村基层党建实践的考察》，《社会主义研究》2018 年第 6 期，第 109~115 页。

② 夏银平、汪勇：《以农村基层党建引领乡村振兴：内生逻辑与提升路径》，《理论视野》2021 年第 8 期，第 80~85 页。

设和公益事业，让更多新乡贤看到乡村的新面貌，破除对乡村的固有观念，从而吸引乡贤的回流。

（四）进一步建立健全系列制度体系，保障乡贤治村可持续发展

在乡村振兴背景下，乡贤参与乡村治理是新时代乡村发展的重要途径之一。麒麟区为了使乡贤更好地参与到乡村振兴发展中，需要从制度层面进一步规范引导。

一是建立健全人才引进机制，适当放宽对乡贤的人才标准限制，完善乡贤的准入机制，鼓励能力或学历相对较高的、长期在村的、有志于建设家乡的中青年人加入乡贤组织，并通过提供创业补贴等政策支持，鼓励大学生及外出务工人员返乡就业。

二是建立健全乡贤长期培育机制，加强对乡贤的专业化培训，建立健全专业人才培训体系。麒麟区要加强对乡村精英的选拔和培养，建立定向培养制度，培育有潜力的乡村人才成为乡贤后备人才。同时也要不断提升乡贤内部成员的能力，建立人才交流机制，定期举办交流会，鼓励乡贤之间进行跨地区的经验交流、相互学习与合作。定期开设培训课程，加强乡村和城市的多方联动，将乡贤派至城市中不同的服务岗位进行锻炼，促进其治理能力和专业知识技能的双重提升。

三是建立健全激励机制与监督机制，麒麟区一方面要建立健全对乡贤的激励机制，适当给予乡贤工作者一定的补贴，对表现优秀的乡贤进行表彰，激发乡贤投身于乡村治理的热情；另一方面，为了防止乡贤在工作中出现独断专行、有失公平等行为，政府要建立健全对乡贤工作的监督机制，充分发挥村民参与民主监督的作用，可以把新乡贤相关项目资金使用明细“晒”在阳光下，制定强有力的行为规范和惩罚规则，从制度上规范乡贤的言行举止，使乡贤参与乡村治理更加制度化、规范化、透明化。

图书在版编目(CIP)数据

城乡融合发展推进乡村振兴：来自云南曲靖市麒麟区的实践与探索 / 晏月平等著 . --北京：社会科学文献出版社，2024. 11（2025. 9 重印）. --（民族地区中国式现代化调查研究丛书）. --ISBN 978-7-5228-3897-7

Ⅰ. F327. 743

中国国家版本馆 CIP 数据核字第 20243P1C04 号

民族地区中国式现代化调查研究丛书

城乡融合发展推进乡村振兴

——来自云南曲靖市麒麟区的实践与探索

著　　者 / 晏月平　李昀东　谭智雄 等

出 版 人 / 冀祥德
责任编辑 / 孙海龙　庄士龙
文稿编辑 / 尚莉丽
责任印制 / 岳　阳

出　　版 / 社会科学文献出版社 · 群学分社（010）59367002
　　　　　地址：北京市北三环中路甲 29 号院华龙大厦　邮编：100029
　　　　　网址：www. ssap. com. cn
发　　行 / 社会科学文献出版社（010）59367028
印　　装 / 唐山玺诚印务有限公司

规　　格 / 开 本：787mm × 1092mm　1/16
　　　　　印 张：13. 5　字 数：197 千字
版　　次 / 2024 年 11 月第 1 版　2025 年 9 月第 2 次印刷
书　　号 / ISBN 978-7-5228-3897-7
定　　价 / 99. 00 元

读者服务电话：4008918866